Lust auf Land
Fleischgerichte

Unser Verlagsprogramm finden Sie unter www.christian-verlag.de

Produktmanagement: Annika Genning
Textredaktion, Satz und Umschlaggestaltung: bookwise medienproduktion GmbH

Fotografie: StockFood GmbH, München
Herstellung: Bettina Schippel
Repro: Repro Ludwig, Zell am See

Printed in Slovenia
by Korotan, Ljubljana

Die Deutsche Nationalbibliothek verzeichnet diese Publikation in der
Deutschen Nationalbibliografie; detaillierte bibliografische
Daten sind im Internet über
http://dnb.d-nb.de abrufbar.

© 2012, Christian Verlag GmbH, München
1. Auflage 2012

ISBN 978-3-86244-123-5

Alle Angaben in diesem Werk wurden sorgfältig recherchiert und auf den aktuellen Stand gebracht
sowie vom Verlag geprüft. Für die Richtigkeit der Angaben kann jedoch keinerlei Haftung
übernommen werden. Für Hinweise und Anregungen sind wir jederzeit dankbar.
Bitte richten Sie diese an:

Christian Verlag
Postfach 400209
80702 München
E-Mail: lektorat@verlagshaus.de

Lust auf Land

Fleischgerichte

CHRISTIAN

Inhalt

Vorwort

Erinnern Sie sich noch, wie es bei den Großeltern war, oder vielleicht halten Sie es sogar noch heute so: Am Sonntag sitzt die ganze Familie zusammen am Mittagstisch beim Sonntagsbraten, zu Weihnachten gibt es die klassische Gans, an Ostern einen zarten Lammbraten. Deftige Fleischgerichte und saftige Braten machen das Familienessen zu etwas Besonderem.

Ausschlaggebend für das Gelingen eines Fleischgerichts ist immer die Qualität des Fleisches. Wenn Sie beim Kauf auf Herkunft, frische Farbe und Geruch achten, dann gelingt der Festtagsbraten fast wie von selbst.

Doch nicht nur für Festtage gibt es leckere Fleischrezepte. In Kombination mit frischem Gemüse und Salat, schmackhaften Beilagen, in gefüllter oder panierter Form ist Fleisch ein wichtiger Eiweiß- und Eisenlieferant und sollte auf unserem wöchentlichen Speiseplan nicht fehlen.

Als ganzer Braten, gerollt als Roulade oder klein geschnitten im Gulasch: Rindfleisch beispielsweise kann vielfältig zubereitet werden. Delikate Saucen mit Rotwein oder scharfe Begleiter wie Meerrettich passen besonders gut zum kräftigen Geschmack von Rind. Entrecôte und Roastbeef bringen die elegante Seite von Rindfleisch auf den Teller. Und auch Kalbfleisch ist nicht nur als echtes Wiener Schnitzel ein Genuss.

Schweinefleisch ist die beliebteste Fleischsorte in Deutschland und sogar Europa. Unzählige Rezepte findet man mit dieser Fleischsorte, angefangen bei der Schweinshaxe über Schinkenbraten, Kasseler, Sülze oder Fleischpflanzerl.

Und zum Thema Geflügel lässt sich viel mehr zubereiten als Brathähnchen. Hühnchen, Ente, Gans und Pute haben jeweils einen besonderen Eigengeschmack. Ente und Gans in Kombination mit Knödel und Kraut ergeben einen üppigen Festtagsschmaus. Geflügel kann jedoch nicht nur mit herzhaften Beilagen kombiniert werden. Äpfel, Birnen oder Trockenfrüchte bringen süße Aromen ins Spiel.

Hirsch oder Wildschwein kommen vor allem im Herbst und Winter zur Jagdsaison auf den Speiseplan. Hier bietet die Verbindung des intensiven Geschmacks von Wild mit süßen Preiselbeeren oder Brombeeren einen interessanten Kontrast.

Eine weitere feine Fleischvariation bieten Lamm und Ziege. Mit Kräutern wie Rosmarin oder Thymian gegart oder in aromatischen Eintöpfen – beide Fleischsorten bereichern auf ihre Weise die traditionelle Fleischküche.

Wir wünschen Ihnen viel Freude beim Nachkochen!

Von der Weide –
Rind

Rindfleischeintopf
mit Erbsen

ZUTATEN FÜR 4 PERSONEN

600 g Rindfleisch
(aus der Schulter)

2–3 Karotten

3 Zwiebeln

1 Knoblauchzehe

150 g grüne Erbsen

150 g frische Champignons

2 EL Pflanzenöl

1 EL Tomatenmark

150 ml trockener Rotwein

500 ml Rinderfond

1 TL edelsüßes Paprikapulver

1 TL Kurkuma

1 TL frisch gehackter Rosmarin

1 TL frisch gehackter Thymian

1 TL frisch gehackter Salbei

Salz

frisch gemahlener Pfeffer

20 g Butter

ZUBEREITUNGSZEIT: 40 MINUTEN
GARZEIT: 1 STUNDE 40 MINUTEN

1 Das Fleisch waschen, trocken tupfen und in mundgerechte Stücke schneiden.

2 Die Karotten, die Zwiebeln und den Knoblauch schälen. Die Karotten in grobe Stücke schneiden, die Zwiebeln sowie den Knoblauch fein hacken.

3 Die Erbsen putzen, waschen und abtropfen lassen. Die Pilze abreiben und vierteln.

4 In einem Topf das Öl erhitzen, darin das Fleisch von allen Seiten scharf anbraten. Herausnehmen und beiseitelegen. Die Karotten, die Zwiebeln und den Knoblauch ebenfalls in dem Öl anbraten. Das Tomatenmark einrühren, kurz Farbe nehmen lassen und alles mit dem Wein ablöschen. Den Fond angießen, Paprikapulver, Kurkuma, Rosmarin, Thymian sowie Salbei dazugeben und mit Salz und Pfeffer abschmecken.

5 Das Fleisch wieder in den Topf hineinlegen und bei mittlerer Hitze 1–1 ½ Stunden schmoren lassen. 30 Minuten vor Ende der Garzeit die Erbsen zugeben und unterrühren.

6 In einer Pfanne die Butter zerlassen und die Pilze anschwitzen, mit Salz und Pfeffer bestreuen und 5 Minuten vor Ende der Garzeit in den Rindfleischtopf geben. Den Eintopf vor dem Servieren nochmals mit Salz und Pfeffer abschmecken.

Harzer Wurzelfleisch
mit Meerrettich

ZUTATEN FÜR 4–6 PERSONEN

1 Bund Suppengemüse
(Karotten, Lauch, Petersilienwurzel, Knollensellerie)

1 Zwiebel, ungeschält

Salz

1 kg Rindfleisch zum Kochen
(z. B. Rinderbrust oder Tafelspitz)

5 schwarze Pfefferkörner,
zerstoßen

3 Stängel Petersilie

1 Zwiebel, geschält und gespickt
mit 1 Lorbeerblatt und 2 Nelken

100 g Karotten

50 g Petersilienwurzel

80 g Knollensellerie

100 g Lauch

100 g Zwiebel

30 g Butter

½ TL edelsüßes Paprikapulver

1–2 EL Weißweinessig

1 EL gehackte Petersilie

20 g frisch geschabter
Meerrettich

ZUBEREITUNGSZEIT:
2 STUNDEN 30 MINUTEN

1 Das Suppengemüse schälen bzw. putzen und in grobe Stücke schneiden. Die ungeschälte Zwiebel halbieren, mit der Schnittfläche nach unten
in einer Pfanne bräunen, bis die Hälften dunkelbraun sind.

2 In einem Topf etwa 2,5 Liter Wasser mit 2 Teelöffeln Salz zum Kochen
bringen. Den Tafelspitz einlegen. Die Pfefferkörner, die Petersilie, die ge-
spickte Zwiebel, die gebräunte Zwiebel sowie das Suppengemüse dazugeben. Zugedeckt 1 ½–2 Stunden bei geringer Hitze köcheln lassen, dabei
den aufsteigenden Schaum abschöpfen.

3 Die Karotten, die Petersilienwurzel und den Knollensellerie schälen und
reiben. Den Lauch putzen, waschen und in feine Ringe schneiden. Die
Zwiebeln schälen und in feine Ringe schneiden.

4 Nach Ende der Garzeit das Fleisch aus der Brühe nehmen. Die Brühe
abseihen und das Fleisch in etwas Brühe warm stellen. Das Gemüse bis
auf die Zwiebelringe in der restlichen Brühe bissfest garen.

5 In der Zwischenzeit die Butter in einer Pfanne erhitzen, die Zwiebelringe darin bei milder Hitze anschwitzen, dann mit etwas Salz bestreuen,
mit Paprika bestauben und mit Essig ablöschen.

6 Das Fleisch in Scheiben schneiden, auf einer Platte mit den Gemüse-
streifen, dem Meerrettich und den Zwiebeln anrichten. Mit Brühe beträufeln und mit Petersilie bestreut servieren.

TIPP

Verwenden Sie die restliche Brühe als Basis für Suppen
oder Saucen. Sie lässt sich auch gut auf Vorrat einfrieren.

Klare Rinderbrühe
mit Rindfleisch

1 Die Karotten sowie den Sellerie schälen, waschen und in feine Streifen schneiden.

2 Den Lauch der Länge nach halbieren, putzen, waschen, trocken schütteln und ebenfalls in feine Streifen schneiden. Den Schnittlauch waschen, trocken schütteln und in Röllchen schneiden.

3 Das Fleisch waschen, trocken tupfen, von Fett und Sehnen befreien, dann in dünne Scheiben schneiden. Leicht mit Salz und Pfeffer bestreuen.

4 Die Brühe in einem Topf erhitzen und die Fleischscheiben sowie das Gemüse hineingeben. Das Fleisch bei mittlerer Temperatur gar ziehen lassen. Mit Salz und Pfeffer abschmecken. In vorgewärmten Suppentellern und mit Schnittlauchröllchen bestreut servieren.

ZUTATEN FÜR 4 PERSONEN

2 Karotten · ½ Knolle Sellerie

1 Stange Lauch

½ Bund Schnittlauch

500 g Rinderfilet, küchenfertig

Salz · frisch gemahlener Pfeffer

1 l Rinderbrühe

ZUBEREITUNGSZEIT: 25 MINUTEN
GARZEIT: 15 MINUTEN

Leberknödelsuppe

1 Die Brezen in dünne Scheiben schneiden.

2 Die Zwiebel schälen und fein würfeln. Die Butter in einer Pfanne erhitzen, darin die Zwiebel anschwitzen.

3 Die Milch erhitzen, über die Brezen gießen und diese ziehen lassen.

4 Die Leber und die Milz durch den Fleischwolf drehen (feinste Scheibe). Die Brezen mit der Milch, die Zwiebel, die Leber, die Milz und den Zitronenabrieb gut miteinander verkneten. Nach Bedarf Semmelbrösel untermengen, sodass der Teig gut formbar und nicht zu flüssig ist. Mit Majoran, Salz, Pfeffer und Kümmel würzen.

5 Mit feuchten Händen aus dem Teig vier größere oder acht kleinere Knödel formen und in kochendes Salzwasser geben. Die Temperatur reduzieren und die Knödel etwa 20 Minuten gar ziehen lassen.

6 Die Karotte sowie den Sellerie schälen und in Scheiben schneiden. Den Lauch putzen, waschen und in Ringe schneiden. Die Rinderbrühe aufkochen lassen, das Gemüse zugeben und etwa 5 Minuten gar ziehen lassen.

7 Die Gemüsebrühe auf Suppentassen verteilen und die abgetropften Knödel dazugeben. Mit Petersilie garniert servieren.

ZUTATEN FÜR 4 PERSONEN

Für die Leberknödel:

5 Brezen (vom Vortag) · 1 kleine Zwiebel

1 TL Butter · etwa 100 ml Milch

150 g Rinderleber · 50 g Rindermilz · 2 Eier

1 Msp Abrieb von einer Zitrone · Semmelbrösel

½ TL getrockneter Majoran

Salz · frisch gemahlener Pfeffer

gemahlener Kümmel

Für die Suppe:

1 Karotte · 150 g Knollensellerie

½ Stange Lauch, nur das Weiße und Hellgrüne

1 l Rinderbrühe · 1 EL geschnittene Petersilie

ZUBEREITUNGSZEIT: 30 MINUTEN
GARZEIT: 30 MINUTEN

Esterhazy-Braten

ZUTATEN FÜR 4–6 PERSONEN

1 Stange Lauch

2 Zwiebeln

400 g Knollensellerie

400 g Karotten

1,2 kg Rinderbraten
(aus der Schulter)

Salz

frisch gemahlener Pfeffer

3 EL Pflanzenöl

1 EL Tomatenmark

500 ml Rotwein

etwa 500 ml Fleischbrühe

1 Lorbeerblatt

½ TL Wacholderbeeren

2 Gewürznelken

1 TL Pfefferkörner

3 EL Butter

frische Lorbeerblätter
(zum Garnieren)

ZUBEREITUNGSZEIT: 35 MINUTEN
GARZEIT: 2 STUNDEN 20 MINUTEN

1 Den Lauch putzen, waschen und die Hälfte in Ringe schneiden. Die Zwiebeln schälen und grob würfeln. Den Sellerie und die Karotten schälen und ebenfalls die Hälfte davon würfeln. Das restliche Gemüse in feine Juliennestreifen schneiden.

2 Den Ofen auf 160 °C (Umluft) vorheizen. Das Fleisch waschen und trocken tupfen. Mit Salz und Pfeffer würzen. 2 Esslöffel Öl in einem Bräter erhitzen und das Fleisch darin von allen Seiten anbraten. Herausnehmen und das gewürfelte Gemüse (bis auf den Lauch) im restlichen Öl im Bräter braun anbraten.

3 Das Tomatenmark einrühren, den Lauch untermengen, kurz mit anschwitzen und das Gemüse mit der Hälfte vom Rotwein ablöschen. Die Flüssigkeit reduzieren lassen, anschließend mit dem restlichen Rotwein ablöschen. Die Flüssigkeit wieder reduzieren lassen und etwas Fleischbrühe hinzufügen.

4 Das Lorbeerblatt, die Wacholderbeeren, die Nelken, die Pfefferkörner und das Bratenfleisch in den Bräter geben und alles zugedeckt im Ofen etwa 1 Stunde schmoren lassen. Den Deckel anschließend abnehmen und den Braten offen eine weitere Stunde schmoren. Nach Bedarf Fleischbrühe angießen und das Fleisch ab und zu wenden.

5 Die Gemüsejulienne in 1 Esslöffel heißer Butter anschwitzen. Ein wenig Fleischbrühe zugeben und zugedeckt 2–3 Minuten gar dünsten. Mit Salz abschmecken.

6 Den Braten aus der Sauce nehmen und in Alufolie gewickelt ruhen lassen. Die Sauce durch ein Sieb passieren und nach Bedarf in einem Topf auf dem Herd nochmals reduzieren lassen oder ein wenig Brühe zugeben. Den Topf vom Herd nehmen und die restliche kalte Butter einrühren. Mit Salz und Pfeffer abschmecken.

7 Den Braten anschneiden und auf einer Platte anrichten. Die Fleischscheiben mit etwas Sauce beträufeln und mit Gemüsejulienne und Lorbeerblättern garniert servieren. Die restliche Sauce separat dazu geben. Als Beilage passen Kartoffelknödel.

Rinderrouladen

ZUTATEN FÜR 4 PERSONEN

4 Scheiben Rinderrouladen
(à etwa 160 g)

Salz

frisch gemahlener Pfeffer

1 EL scharfer Senf

8 kleine Gewürzgurken

8 Scheiben Räucherspeck

1 EL Mehl

2 EL Pflanzenöl

1 EL Tomatenmark

1 EL edelsüßes Paprikapulver

200 ml trockener Portwein

400 ml Fleischbrühe

2 Karotten

2 Schalotten

1 Stange Sellerie

1 Stange Lauch

ZUBEREITUNGSZEIT: 35 MINUTEN
GARZEIT: 1 STUNDE 30 MINUTEN

1 Den Ofen auf 160 °C (Ober- und Unterhitze) vorheizen.

2 Das Fleisch etwas flach klopfen, leicht mit Salz und Pfeffer bestreuen und mit Senf bestreichen. Die Gurken in Stifte schneiden. Je zwei Scheiben Speck und ein paar Gurkenstifte auf dem Fleisch verteilen.

3 Das Fleisch eng zusammenrollen und mit Küchengarn zusammenbinden. Mit Mehl bestauben. Das Öl in einem Schmortopf erhitzen und die Rouladen von allen Seiten braun anbraten. Das Tomatenmark und das Paprikapulver einrühren. Mit dem Portwein ablöschen und die Brühe angießen, dabei den Bratensatz vom Topfboden lösen.

4 Die Karotten schälen und klein würfeln. Die Schalotten schälen und in Scheiben schneiden. Den Sellerie putzen, waschen und klein würfeln. Den Lauch längs halbieren, putzen, waschen und in Streifen schneiden.

5 Das gesamte Gemüse zum Fleisch in den Schmortopf geben und im vorgeheizten Ofen etwa 1 ½ Stunden schmoren lassen. Dabei die Rouladen immer wieder wenden. Zum Schluss die Sauce mit Salz und Pfeffer abschmecken. Vor dem Servieren das Küchengarn entfernen.

Rindfleisch in Rotwein
mit Speck

1 Das Rindfleisch waschen, trocken tupfen und in mundgerechte Würfel schneiden. Die Zwiebeln, den Knoblauch, die Karotten und die Kartoffeln schälen. Zwiebel und Knoblauch würfeln, Karotten und Kartoffeln in Scheiben schneiden. Die Paprika halbieren, die Samen sowie die Scheidewände entfernen und waschen. Anschließend in Würfel schneiden. Den Speck in breite Streifen schneiden.

2 Das Öl in einem Schmortopf erhitzen. Das Fleisch portionsweise dazugeben und kräftig anbraten. Mit Salz und Pfeffer würzen, anschließend wieder herausnehmen.

3 Dann die Zwiebeln, den Knoblauch, die Karotten und die Paprika mit dem Speck im Schmortopf 2–3 Minuten anbraten und mit dem Rotwein ablöschen. Das Fleisch und die Kartoffeln zugeben und etwas Brühe zugießen. Zugedeckt etwa 1½ Stunden leise schmoren lassen. Falls nötig, noch etwas Brühe nachgießen und ab und zu rühren. Nach etwa 1 Stunde den Thymian und die Lorbeerblätter zum Fleisch in den Topf geben.

4 Vor dem Servieren nochmals mit Salz und Pfeffer abschmecken und mit Petersilie bestreut servieren.

ZUTATEN FÜR 4 PERSONEN

800 g Rindfleisch zum Schmoren
(z. B. aus der Keule)

2 Zwiebeln · 1 Knoblauchzehe

2 Karotten

200 g mehlig kochende Kartoffeln

1 rote Paprikaschote

50 g Speck (in Scheiben)

4 EL Pflanzenöl

Salz · frisch gemahlener Pfeffer

200 ml Rotwein · etwa 200 ml Fleischbrühe

3-4 Stängel Thymian · 2 Lorbeerblätter

1 EL frisch geschnittene Petersilie

ZUBEREITUNGSZEIT: 30 MINUTEN
GARZEIT: 2 STUNDEN

Roastbeef
auf Blattsalat

1 Den Ofen auf 140 °C (Ober- und Unterhitze) vorheizen.

2 Das Roastbeef waschen und trocken tupfen. Das Öl in einer Pfanne erhitzen und darin das Fleisch von allen Seiten braun anbraten, anschließend wieder aus der Pfanne nehmen. Das Fleisch im Ofen auf einem Gitter (darunter eine Fettpfanne stellen) je nach Fleischdicke und gewünschtem Gargrad etwa 35–50 Minuten garen (Kerntemperatur rosa: etwa 55 °C).

3 Den Salat putzen, waschen und gut abtropfen lassen. Die Blätter klein zupfen und auf Teller verteilen.

4 Den saure Sahne mit 2–3 Esslöffeln Wasser glatt rühren und mit Zitronensaft, Zucker, Salz und Pfeffer abschmecken.

5 Das Roastbeef aus dem Ofen nehmen und etwa 10 Minuten ruhen lassen. Das Fleisch in dünne Scheiben schneiden, anschließend auf dem Salatbett anrichten. Mit den Nüssen bestreuen und mit etwas Salatsauce beträufeln. Die restliche Sauce separat dazu reichen.

6 Nach Belieben mit etwas Pfeffer übermahlen und mit Fleur de sel bestreut servieren.

ZUTATEN FÜR 4 PERSONEN

Für das Roastbeef

600 g Roastbeef

2 EL Pflanzenöl

Salz · frisch gemahlener Pfeffer

Für den Salat:

200 g gemischter Blattsalat (z. B. Rauke, Batavia, Feldsalat)

150 g saure Sahne · 2–3 EL Zitronensaft

½ TL Zucker

Salz · frisch gemahlener Pfeffer

50 g Walnüsse, halbiert

Fleur de sel oder grobes Meersalz

ZUBEREITUNGSZEIT: 30 MINUTEN
GARZEIT: 55 MINUTEN

Entrecôte

mit Pfifferlingen und Zucchini

ZUTATEN FÜR 4 PERSONEN

4 Rindersteaks
(à etwa 220 g, z. B. Entrecôte)

4 Scheiben Speck

Salz

frisch gemahlener Pfeffer

2 EL Pflanzenöl

Für die Sauce:

100 ml Rotwein

2–3 Thymianzweige

200 g Kalbsfond

1 EL Butter

Für das Gemüse:

1 rote Zwiebel

1 Zucchini

250 g Pfifferlinge

2 EL Olivenöl

Salz

frisch gemahlener Pfeffer

frisch gemahlener Koriander

Thymian (zum Garnieren)

ZUBEREITUNGSZEIT: 20 MINUTEN
GARZEIT: 15 MINUTEN

1 Den Ofen auf 140 °C (Ober- und Unterhitze) vorheizen.

2 Das Fleisch waschen, trocken tupfen und mit je einer Scheibe Speck umwickeln. Mit Küchengarn zusammenbinden. Mit Salz und Pfeffer würzen. Das Öl in einer Pfanne erhitzen und darin das Fleisch von allen Seiten anbraten. Die Steaks im Ofen auf einem Gitter (darunter eine Fettpfanne stellen) etwa 10 Minuten je nach Fleischdicke und gewünschtem Gargrad kürzer oder länger garen (Kerntemperatur rosa: etwa 55 °C).

3 Für die Sauce den Wein in die Pfanne gießen und so den Bratensatz vom Pfannenboden lösen. Den Thymian dazugeben, den Kalbsfond angießen und die Flüssigkeit auf etwa die Hälfte reduzieren lassen. Die Pfanne vom Herd nehmen, die Butter einrühren und mit Salz und Pfeffer abschmecken.

4 Für das Gemüse die Zwiebel schälen und in Spalten schneiden. Die Zucchini putzen, waschen und in Scheiben schneiden. Die Pfifferlinge putzen und je nach Größe halbieren oder ganz lassen.

5 In einer Pfanne das Öl erhitzen und darin die Zwiebelspalten glasig anschwitzen. Die Pfifferlinge sowie die Zucchinischeiben dazugeben und alles gut durchschwenken. Mit Salz, Pfeffer und Koriander würzen und 2–3 Minuten leicht goldbraun braten.

6 Das Küchengarn von den Steaks entfernen. Das Fleisch mit der Sauce und dem Gemüse anrichten und mit Thymian garniert servieren.

Rheinischer Sauerbraten

1 Die Zwiebeln, den Sellerie und die Karotten schälen und würfeln. Das Gemüse mit dem Wein, dem Essig und etwa 250 ml Wasser in einen Topf geben. Lorbeerblatt, Nelken, Pfefferkörner und Wacholderbeeren mit dazugeben. Alles aufkochen, anschließend wieder abkühlen lassen.

2 Das Fleisch waschen, trocken tupfen und in eine große Schüssel oder einen Topf legen. Mit der Beize übergießen, sodass das Fleisch bedeckt ist. Falls nötig, noch mit Rotwein aufgießen und das Fleisch zugedeckt 2–3 Tage im Kühlschrank ziehen lassen, dabei zwei- bis dreimal wenden.

3 Das Fleisch aus der Marinade nehmen, abtupfen, dann mit Salz und Pfeffer bestreuen. Das Butterschmalz in einem Bräter erhitzen und darin das Fleisch von allen Seiten anbraten, anschließend wieder herausnehmen.

4 Die Beize durch ein Sieb gießen und das abgetropfte Gemüse im Bräter braun anbraten. Das Tomatenmark einrühren, kurz mitschwitzen, dann mit etwas Beize ablöschen. Das Fleisch wieder zurück in den Bräter legen und so viel Beize angießen, dass das Fleisch etwa zur Hälfte von der Flüssigkeit bedeckt ist. Zugedeckt etwa 2 ½–3 Stunden bei niedriger Hitze schmoren lassen. Den Braten dabei immer wieder wenden und nach Bedarf Flüssigkeit nachgießen.

5 Das Fleisch aus dem Bräter nehmen und in Alufolie einwickeln. Die Sauce durch ein Sieb passieren und nach Bedarf noch ein wenig einköcheln lassen oder Flüssigkeit zufügen. Für mehr Bindung nach Belieben etwas Stärke einrühren.

6 Die Rosinen in die Sauce geben, ein paar Minuten mitköcheln lassen, mit Rübenkraut süßen, abschließend mit Salz und Pfeffer abschmecken. Den Sauerbraten in Scheiben schneiden und mit der Sauce servieren.

ZUTATEN FÜR 4 PERSONEN

2 Zwiebeln · 200 g Knollensellerie · 2 Karotten

etwa 500 ml trockener Rotwein

100 ml Rotweinessig · 1 Lorbeerblatt

3–4 Nelken · 1 TL Pfefferkörner

1 TL Wacholderbeeren

1,2 kg Rinderschmorbraten (z. B. Schulter)

Salz · Pfeffer · 2 EL Butterschmalz

1 EL Tomatenmark · Speisestärke (als Saucenbinder)

50 g Rosinen · 1–2 TL Rübenkraut

ZUBEREITUNGSZEIT: 45 MINUTEN
MARINIERZEIT: 72 STUNDEN
GARZEIT: 3 STUNDEN

TIPP

Servieren Sie als Beilage Rotkohl und Semmelknödel.

Hackbraten

1 Für den Hackbraten das Brötchen in etwas lauwarmem Wasser einweichen.

2 Die Schalotte schälen und fein hacken. Die Butter in einer Pfanne erhitzen und die Schalotte darin glasig anschwitzen. Anschließend die Schalotte, die Eier, das ausgedrückte Brötchen und den Majoran unter das Hackfleisch mengen. So viele Semmelbrösel zugeben, bis ein formbarer Teig entsteht. Mit Kümmel, Salz und Pfeffer würzen.

3 Den Ofen auf 180°C (Umluft) vorheizen.

4 Die Wirsingblätter waschen, harte Blattrippen herausschneiden. Die Blätter in kochendem Salzwasser 2-3 Minuten blanchieren, dann abschrecken und trocken tupfen.

5 Eine Terrinenform mit den Speckscheiben auslegen, dabei die Scheiben über den Rand der Form hängen lassen, um das Hackfleisch später zu bedecken. Die Wirsingblätter ebenfalls überhängend auf die Speckscheiben legen.

6 Aus der Hackfleischmasse eine Rolle in Backformgröße formen und auf den Wirsing legen. Die überhängenden Wirsingblätter und Speckscheiben über das Hackfleisch schlagen. Den Hackbraten im vorgeheizten Ofen etwa 60 Minuten backen.

ZUTATEN FÜR 4 PERSONEN BZW.
1 TERRINENFORM

1 Brötchen (vom Vortag) · 1 Schalotte

1 EL Butter · 2 Eier · 1 TL getrockneter Majoran

800 g gemischtes Hackfleisch

Semmelbrösel (nach Bedarf)

gemahlener Kümmel

Salz · frisch gemahlener Pfeffer

4–6 Wirsingblätter

etwa 150 g Speck, in Scheiben

ZUBEREITUNGSZEIT: 30 MINUTEN
GARZEIT: 1 STUNDE

TIPP

Der Hackbraten oder „Falscher Hase" schmeckt sowohl warm als auch kalt. Für eine Sauce lösen Sie den Bratensatz mit etwas Brühe und verfeinern Sie ihn mit Sahne zu einer Sauce.

Kuttelsuppe

mit Rindfleisch

ZUTATEN FÜR 4 PERSONEN

800 g Kutteln (Magen vom Rind,
beim Metzger vorbestellen)

Salz

400 g Suppenfleisch, gekocht

2 Karotten

200 g Knollensellerie

2 Zwiebeln

1 Knoblauchzehe

1 l Fleischbrühe

1 EL Butterschmalz

2–3 EL Weinessig

1 Lorbeerblatt

Salz

frisch geriebene Muskatnuss

frisch gemahlener Pfeffer

Majoranblättchen
(zum Garnieren)

ZUBEREITUNGSZEIT: 30 MINUTEN
GARZEIT: 30 MINUTEN

1 Die Kutteln unter fließendem Wasser waschen, dann in einen Topf geben. Mit Wasser bedecken, 1 Esslöffel Salz hinzufügen und die Kutteln etwa 20 Minuten weich köcheln lassen. Anschließend die weichen Kutteln abgießen, etwas abkühlen lassen und in dünne Streifen schneiden.

2 Das gekochte Suppenfleisch ebenfalls in Streifen schneiden.

3 Die Karotten, den Sellerie, die Zwiebeln und den Knoblauch schälen. Die Karotten und den Sellerie in Stifte schneiden, die Zwiebeln und den Knoblauch würfeln. Die Fleischbrühe erhitzen.

4 Das Butterschmalz in einem Topf erhitzen, das Gemüse darin goldbraun anbraten. Die Kutteln untermengen und mit dem Essig ablöschen. Die heiße Fleischbrühe angießen. Das Lorbeerblatt dazugeben und mit Salz, Muskat und Pfeffer würzen. Alles etwa 10 Minuten bei niedriger Hitze köcheln lassen.

5 Vor dem Servieren nochmals mit Salz und Pfeffer abschmecken und mit Majoranblättchen bestreut servieren. Dazu nach Belieben frisches Brot reichen.

Rindergulasch

ZUTATEN FÜR 4 PERSONEN

600 g Rindergulasch
(z. B. aus der Schulter)

2 Zwiebeln

2 Knoblauchzehen

2–3 EL Pflanzenöl

2 EL Tomatenmark

100 ml trockener Rotwein

etwa 1 l Fleischbrühe

1 Lorbeerblatt

1 Msp. abgeriebene Schale von
einer unbehandelten Zitrone

½ TL gemahlener Kümmel

½ TL getrockneter Majoran

Salz

frisch gemahlener Pfeffer

2 TL edelsüßes Paprikapulver

100 g saure Sahne

ZUBEREITUNGSZEIT: 25 MINUTEN
GARZEIT: 2 STUNDEN

1 Das Rindfleisch waschen, trocken tupfen und in 2 cm große Würfel schneiden. Die Zwiebeln und den Knoblauch schälen, beides fein hacken.

2 Das Öl in einem großen Topf erhitzen und das Fleisch darin von allen Seiten braun anbraten. Die Zwiebeln und den Knoblauch dazugeben und 2–3 Minuten mit anschwitzen. Das Tomatenmark einrühren, kurz mitrösten, dann mit dem Rotwein ablöschen.

3 Die Fleischbrühe angießen, das Lorbeerblatt, den Zitronenabrieb, Kümmel und Majoran dazugeben und mit Salz und Pfeffer würzen. Bei geschlossenem Deckel etwa 1 ½–2 Stunden bei niedriger Hitze garen. Nach Bedarf noch etwas Brühe angießen. Abschließend das Paprikapulver unterrühren und nochmals mit Salz und Pfeffer abschmecken.

4 Das Rindergulasch in Schälchen füllen, einen Klecks saure Sahne darübergeben. Nach Belieben mit Pfeffer übermahlen und frisches Brot dazu reichen.

Ochsenschwanzsuppe

ZUTATEN FÜR 4 PERSONEN

2 Zwiebeln · 1 Karotte

2 Stangen Sellerie · ½ Stange Lauch

2 Knoblauchzehen

2 kg Ochsenschwanz (in Stücken)

2 EL Pflanzenöl

1 EL Tomatenmark

250 ml trockener Weißwein

2–3 Zweige Thymian · 1 Lorbeerblatt

1 TL Pfefferkörner · 75–100 ml Sherry

Salz · frisch gemahlener Pfeffer

ZUBEREITUNGSZEIT: 30 MINUTEN
GARZEIT: 1 STUNDE 45 MINUTEN

1 Die Zwiebeln, die Karotte und den Sellerie schälen, alles in kleine Würfel schneiden. Vom Sellerie etwa ein Drittel als Suppeneinlage beiseitelegen. Den Lauch putzen, waschen und klein schneiden. Den Knoblauch schälen und halbieren.

2 Die Ochsenschwanzstücke waschen und trocken tupfen. Das Öl in einem großen Topf erhitzen und darin das Fleisch von allen Seiten braun anbraten. Die Zwiebeln dazugeben und kurz mit anschwitzen. Das Tomatenmark einrühren, dann mit Weißwein ablöschen und die Flüssigkeit fast vollständig reduzieren lassen.

3 Den Topf mit etwa 1,5 Liter Wasser auffüllen. Den Thymian, das Lorbeerblatt und die Pfefferkörner mit hineingeben. Alles etwa 2 Stunden bei niedriger Hitze köcheln lassen, bis sich das Fleisch leicht von den Knochen löst. Nach Bedarf während des Kochens noch Wasser nachgießen.

4 Die Ochsenschwanzstücke aus der Brühe nehmen. Die Brühe durch ein mit einem Passiertuch ausgelegtes Sieb gießen. Das restliche Fett mit einer Schöpfkelle abnehmen.

5 Die Brühe wieder in einen Topf gießen und darin die beiseitegelegten Selleriewürfel 2–3 Minuten garen. Mit dem Sherry verfeinern. Abschließend die Suppe mit Salz und Pfeffer abschmecken. Das Fleisch wieder in die Brühe legen, bei Bedarf kurz erhitzen und servieren.

Ochsenschwanz

mit Kartoffelpüree

1 Den Ochsenschwanz waschen und trocken tupfen. Die Karotten, den Sellerie sowie die Zwiebeln schälen und grob würfeln.

2 Das Öl in einem Bräter erhitzen und die Ochsenschwanz-stücke darin von allen Seiten kräftig anbraten. Die Karotten, den Sellerie und die Zwiebeln dazugeben und anschwitzen. Mit dem Portwein ablöschen, die Flüssigkeit etwas reduzieren lassen.

3 Dann den Rotwein sowie die Hälfte der Brühe angießen. Zugedeckt etwa 2 Stunden weich schmoren lassen. Nach etwa 1 ½ Stunden Rosmarin, Thymian, Lorbeerblatt und Wacholderbeeren hinzufügen.

4 Für das Püree die Kartoffeln waschen und etwa 30 Minuten gar dämpfen.

5 Am Ende der Garzeit den Ochsenschwanz aus der Sauce nehmen, etwas abkühlen lassen, vom Knochen lösen und in große Würfel schneiden.

6 Die Sauce durch ein Sieb passieren, nach Bedarf noch ein wenig einköcheln lassen oder Flüssigkeit zufügen. Mit Madeira, Salz und Pfeffer abschmecken und das Fleisch wieder in die Sauce legen.

7 Die Kartoffeln schälen, durch die Kartoffelpresse drücken oder mit einem Kartoffelstampfer zerdrücken. Die Kartoffelmasse mit heißer Milch übergießen. Die Butter unterrühren und mit Salz und Muskat abschmecken.

8 Den Ochsenschwanz mit dem Kartoffelpüree in Suppenschalen anrichten, mit Petersilie garnieren und servieren.

ZUTATEN FÜR 4 PERSONEN

2 kg Ochsenschwanz (in Stücken)

2 Karotten · 150 g Knollensellerie

2 Zwiebeln · 2 EL Pflanzenöl

100 ml Portwein · 100 ml Rotwein

etwa 400 ml Fleischbrühe

1 Zweig Rosmarin · 2–3 Zweige Thymian

1 Lorbeerblatt · 4–5 Wacholderbeeren

800 g mehlig kochende Kartoffeln

Madeira · Salz · frisch gemahlener Pfeffer

etwa 200 ml Milch · 40 g Butter

frisch geriebene Muskatnuss

frisch geschnittene Petersilie

ZUBEREITUNGSZEIT: 45 MINUTEN
GARZEIT: 2 STUNDEN 30 MINUTEN

Rollbraten

mit Rinder- und Kalbsfilet

ZUTATEN FÜR 4 PERSONEN

Für den Rollbraten:

3 Brötchen (vom Vortag)

etwa 75 ml lauwarme Milch

1 Karotte

1 Knoblauchzehe

½ Bund Petersilie

1–2 Frühlingszwiebeln

1 kleine Petersilienwurzel

2 EL Butter

1 Ei

Salz

frisch gemahlener Pfeffer

500 g Rinderfilet, pariert

300 g Kalbsfilet, pariert

2 EL Butterschmalz

Für die Frühlingszwiebeln:

2 Bund Frühlingszwiebeln

Salz

2 EL Butter

frisch gemahlener Pfeffer

ZUBEREITUNGSZEIT: 45 MINUTEN
GARZEIT: 45 MINUTEN

1 Die Brötchen entrinden und in der Milch einweichen. Die Karotte schälen und in feine Würfel schneiden. Den Knoblauch schälen und fein hacken. Die Petersilie waschen, trocken schütteln und die Blättchen fein hacken. Die Frühlingszwiebel waschen und in feine Ringe schneiden. Die Petersilienwurzel schälen und ebenfalls sehr klein würfeln.

2 In einer Pfanne 1 Esslöffel Butter erhitzen und das vorbereitete Gemüse darin farblos anschwitzen. Die Brötchen ausdrücken und mit dem Ei sowie dem angedünsteten Gemüse gut vermengen. Die Masse mit Salz und Pfeffer würzen.

3 Den Ofen auf 180 °C (Ober- und Unterhitze) vorheizen.

4 Das Rinder- und das Kalbsfilet waschen und trocken tupfen. Das Rinderfilet längs zu einem etwa 1,5 cm dicken Rollbraten aufschneiden und ausbreiten. Das Kalbsfilet längs aufschneiden und ebenfalls auseinanderklappen.

5 Das Rinderfilet mit etwa zwei Drittel der Brötchenmasse bestreichen. Das Kalbsfilet mittig darauflegen und mit der restlichen Füllung bestreichen. Die Filets zu einem Rollbraten aufrollen und mit Küchengarn zusammenbinden. Mit Salz und Pfeffer würzen. Das Schmalz in einer Pfanne erhitzen und darin den Rollbraten von allen Seiten braun anbraten.

6 Den Rollbraten im Ofen auf einem Gitter (darunter eine Fettpfanne stellen) 25–35 Minuten rosa garen. Anschließend noch 3–5 Minuten im ausgeschalteten Ofen ruhen lassen.

7 Die Frühlingszwiebeln putzen, waschen und halbieren, dann 3–4 Minuten in Salzwasser blanchieren, abtropfen lassen und in heißer Butter schwenken. Mit Salz und Pfeffer würzen.

8 Vom Rollbraten das Küchengarn entfernen und das Fleisch in Scheiben schneiden. Die Rollbratenscheiben auf den Lauchzwiebeln angerichtet servieren. Dazu nach Belieben Kräuterbutter reichen.

Kalbskeule

1 Kalbshaxe mit Knochen (etwa 2 kg)

Salz · frisch gemahlener Pfeffer

2 Zwiebeln · 8 Schalotten

2 EL Pflanzenöl

750 ml Kalbsfond

6 junge Karotten · 200 g Knollensellerie

1 Lorbeerblatt · 1 Zweig Rosmarin

200 ml Weißwein

2 EL Sherry

Speisestärke (zum Binden der Sauce)

Rosmarinzweige (zum Garnieren)

ZUBEREITUNGSZEIT: 30 MINUTEN
GARZEIT: 2 STUNDEN

1 Den Backofen auf 200 °C (Ober- und Unterhitze) vorheizen.

2 Die Kalbshaxe mit Salz und Pfeffer kräftig einreiben.

3 Die Zwiebeln und die Schalotten schälen. Das Öl in einem Bräter erhitzen und beides darin anbraten. Die Haxe in den Bräter legen und im Ofen auf mittlerer Schiene etwa 30 Minuten braten.

4 Dann etwas Fond dazugießen, die Ofentemperatur auf 160 °C herunterschalten und das Fleisch weitere 1 ½ Stunden garen. Die Haxe während des Garens immer wieder mit Fond begießen und nach Bedarf Fond nachgießen.

5 Die Karotten schälen. Den Sellerie schälen und in Stücke schneiden. Nach etwa 1 Stunde Garzeit die Karotten, den Sellerie, das Lorbeerblatt, den Rosmarin und den Weißwein in den Bräter geben, anschließend die Haxe fertig garen (etwa 30 Minuten).

6 Die Haxe ist gar, wenn beim Einstechen klarer Saft austritt und sich das Fleisch vom Knochen löst. Dann die Haxe aus dem Bräter nehmen und warm stellen.

7 Den Bratenfond durch ein Sieb passieren. Das Gemüse dabei auffangen und zur Haxe legen. Den Bratenfond mit 2 Esslöffeln Sherry kurz aufkochen, dann mit Salz und Pfeffer abschmecken. Nach Belieben etwas Speisestärke in wenig kaltem Wasser anrühren und damit die Sauce binden.

8 Die Kalbshaxe vom Knochen lösen, in Scheiben schneiden und nach Belieben mit Rosmarin garnieren. Die Sauce separat dazu reichen.

Kalbfleischpflanzerl
mit Kartoffelsalat

1 Für den Kartoffelsalat die Kartoffeln waschen und etwa 30 Minuten in Salzwasser gar kochen. Die Zwiebel schälen, fein würfeln und mit der Brühe und dem Essig aufkochen lassen.

2 Die Kartoffeln pellen, in Scheiben schneiden und mit der Zwiebelbrühe übergießen. Mit Salz und Pfeffer kräftig würzen und etwa 15 Minuten ziehen lassen.

3 Für die Fleischpflanzerl das Brötchen in wenig lauwarmem Wasser einweichen. Die Zwiebel schälen und fein würfeln. Die Butter in einer Pfanne erhitzen und die Zwiebel darin glasig anschwitzen.

4 Die Zwiebel zusammen mit dem ausgedrückten Brötchen, den Eiern und der Petersilie unter das Hackfleisch mengen. Sollte die Masse nicht zusammenhalten, etwas Semmelbrösel untermengen. Mit Senf, Salz und Pfeffer würzig abschmecken.

5 Aus der Hackfleischmasse kleine Fleischpflanzerl formen. Etwas Butterschmalz in einer Pfanne erhitzen und die Fleischpflanzerl auf jeder Seite 3–4 Minuten goldbraun braten. Bei Bedarf etwas Butterschmalz dazugeben.

6 Das Öl unter den Salat mengen und nochmals mit Salz und Pfeffer abschmecken. Die Fleischpflanzerl auf dem Kartoffelsalat anrichten und mit Schnittlauch bestreuen. Dazu Senf reichen.

ZUTATEN FÜR 4 PERSONEN

Für den Salat:

1 kg festkochende Kartoffeln · Salz · 1 Zwiebel

200 ml heiße Fleischbrühe · 4–5 EL Weinessig

Salz · frisch gemahlener Pfeffer

Für die Fleischpflanzerl:

1 Brötchen (vom Vortag) · 1 Zwiebel · 1 EL Butter

2 Eier · 1 EL frisch gehackte Petersilie

600 g gemischtes Hackfleisch · Semmelbrösel

1–2 TL scharfer Senf · Salz

frisch gemahlener Pfeffer · Butterschmalz

Schnittlauchröllchen (zum Garnieren)

4–5 EL Pflanzenöl

ZUBEREITUNGSZEIT: 40 MINUTEN
GARZEIT: 40 MINUTEN

Kalbsbraten

ZUTATEN FÜR 4 PERSONEN

5 Schalotten

5 Stangen Sellerie

4 reife Fleischtomaten

1 rote Paprikaschote

1 kg Kalbsbraten
(z. B. aus der Schulter)

Salz

frisch gemahlener Pfeffer

1–2 EL Olivenöl

2–3 Zweige Rosmarin

5–6 Scheiben Bauchspeck

1 EL Tomatenmark

200 ml Rotwein

etwa 400 ml Kalbsfond

ZUBEREITUNGSZEIT: 40 MINUTEN
GARZEIT: 1 STUNDE 45 MINUTEN

1 Den Backofen auf 180 °C (Ober- und Unterhitze) vorheizen.

2 Die Schalotten schälen und vierteln. Den Sellerie putzen, waschen und in 2–3 cm lange Stücke schneiden.

3 Die Tomaten mit heißem Wasser überbrühen und abschrecken. Dann enthäuten, vierteln, die Samen entfernen und in grobe Stücke schneiden. Die Paprika halbieren, die Samen sowie die Scheidewände entfernen, waschen und in breite Streifen schneiden.

4 Den Kalbsbraten waschen und trocken tupfen. Mit Salz und Pfeffer einreiben. Das Öl in einem Bräter erhitzen und den Braten von allen Seiten braun anbraten. Mit den ganzen Rosmarinzweigen (oder nach Belieben mit den abgezupften Nadeln) sowie dem Bauchspeck belegen. Das Gemüse um den Braten herum verteilen.

5 Das Tomatenmark unterrühren und mit dem Rotwein ablöschen. Etwas Fond angießen und den Braten im Ofen etwa 1 ½ Stunden schmoren lassen. Das Fleisch immer wieder mit Fond übergießen und bei Bedarf Fond nachgießen.

6 Den fertig gegarten Braten aus dem Bräter nehmen und warm stellen. Den Bratenfond mit Salz und Pfeffer abschmecken. Den Kalbsbraten wieder in den Bräter legen und mit Rosmarin garniert servieren.

Kalbstafelspitz
im Himbeeressigsud

ZUTATEN FÜR 4 PERSONEN

1,2 kg Kalbstafelspitz

2 Zwiebeln

2 Knoblauchzehen

2 Karotten

150 g Knollensellerie

Salz

frisch gemahlener Pfeffer

2 EL Pflanzenöl

1 EL Tomatenmark

250 ml trockener Weißwein

etwa 75 ml Himbeeressig

etwa 600 ml Kalbsfond

2 Lorbeerblätter

1 TL Pfefferkörner

4–5 Wacholderbeeren

1–2 TL Honig

ZUBEREITUNGSZEIT: 30 MINUTEN
GARZEIT: 3 STUNDEN 15 MINUTEN

1 Den Ofen auf 100 °C (Umluft) vorheizen.

2 Den Tafelspitz waschen und trocken tupfen. Die Zwiebeln, den Knoblauch, die Karotten und den Sellerie schälen, dann alles grob würfeln.

3 Das Fleisch mit Salz und Pfeffer einreiben. Das Öl in einem Bräter erhitzen und das Fleisch darin braun anbraten. Anschließend das Fleisch herausnehmen und in derselben Pfanne das Gemüse anbraten.

4 Das Tomatenmark dazugeben, kurz mitschwitzen, anschließend mit dem Wein ablöschen. Etwas Essig hinzufügen und ein wenig Fond angießen. Das Fleisch in den Bräter legen, sodass es etwa zu einem Drittel mit Flüssigkeit bedeckt ist. Den Braten im Ofen etwa 3 Stunden schmoren lassen.

5 Das Fleisch gelegentlich wenden und nach Bedarf Fond nachgießen. Nach etwa 2 Stunden Garzeit die Lorbeerblätter und die Pfefferkörner in den Bräter geben.

6 Das Fleisch aus der Sauce nehmen. Die Sauce durch ein Sieb passieren. Ist sie zu flüssig, noch etwas einköcheln lassen. Ist sie zu dickflüssig, noch etwas Flüssigkeit zugeben. Abschließend mit dem restlichen Essig, dem Honig sowie Salz und Pfeffer abschmecken.

7 Das Fleisch in Scheiben schneiden und vor dem Servieren nochmals kurz in der Sauce ziehen lassen.

Wiener Schnitzel

mit Gurken-Kartoffel-Salat

ZUTATEN FÜR 4 PERSONEN

Für den Kartoffel-Gurken-Salat:

600 g Salatkartoffeln

Salz

1 TL Kümmel

1 EL Butter

1 Zwiebel, fein gehackt

etwa 125 ml heiße Rinderbrühe

3–4 EL Branntweinessig

frisch gemahlener Pfeffer

1 Prise Zucker

½ Salatgurke

Für die Schnitzel

8 Kalbsschnitzel (à 60 g, z. B. aus der Oberschale)

2 Eier

2 EL Sahne

3–4 EL Mehl

etwa 200 g Semmelbrösel

6–8 EL Butterschmalz

Salz

frisch gemahlener Pfeffer

4 Zitronenspalten

3 EL Pflanzenöl

ZUBEREITUNGSZEIT: 30 MINUTEN
GARZEIT: 35 MINUTEN

1 Die Kartoffeln waschen und in mit reichlich Salz und Kümmel gewürztem Wasser etwa 30 Minuten gar kochen. Anschließend abgießen, etwas auskühlen lassen, dann schälen, in Scheiben schneiden und in eine Schüssel geben.

2 Die Butter in einer Pfanne erhitzen und die Zwiebelwürfel darin glasig andünsten. Mit der Brühe ablöschen und einmal aufkochen lassen.

3 Die Kartoffeln mit der Zwiebelbrühe übergießen. Den Essig dazugeben, mit Salz, Pfeffer und Zucker würzen.

4 Die Gurke waschen und „streifig" schälen, d. h., einen Streifen Schale stehen lassen, einen Streifen schälen usw. Dann die Gurke der Länge nach halbieren, mit einem Teelöffel die Kerne herausschaben und in dünne Scheiben schneiden oder hobeln. Unter den Kartoffelsalat mengen und den Salat ziehen lassen.

5 Jedes Schnitzel flach klopfen, mit Salz und Pfeffer bestreuen. Die Eier mit der Sahne in einem tiefen Teller verquirlen. Das Mehl und die Semmelbrösel auf jeweils einen Teller geben. Das Fleisch zuerst im Mehl wenden, dann durch die verquirlten Eier ziehen und mit den Semmelbröseln panieren. Dabei die Brösel nur leicht andrücken.

6 Das Butterschmalz in einer Pfanne erhitzen. Die Schnitzel darin bei mittlerer Hitze pro Seite etwa 1–2 Minuten goldbraun ausbacken. Auf Küchenkrepp abtropfen lassen.

7 Das Öl unter den Salat rühren und nochmals mit Salz und Pfeffer abschmecken. Die Schnitzel mit den Zitronenspalten und dem Kartoffel-Gurken-Salat servieren.

Vom Freiland –
Schwein

Schweinshaxe

mit Kartoffelknödeln

ZUTATEN FÜR 4 PERSONEN

Salz · 2 Karotten

200 g Knollensellerie

1 Stange Lauch · 1 Zwiebel

1–2 Lorbeerblätter

½ TL Kümmel

1 TL schwarze Pfefferkörner

4 kleine Schweinshaxen
(Eisbein)

300 ml dunkles Bier

Für die Kartoffelknödel

1 kg mehlig kochende Kartoffeln

150 g Mehl (nach Bedarf mehr)

2 Eier

Salz

1 Prise frisch geriebene
Muskatnuss

Für die Sauce

dunkler Saucenbinder
(nach Bedarf)

2 EL fein gehackte Petersilie
(zum Garnieren)

ZUBEREITUNGSZEIT: 1 STUNDE
BRATZEIT: 1 STUNDE 30 MINUTEN
GARZEIT: 2 STUNDEN

1 Den Backofen auf 190 °C (Ober- und Unterhitze) vorheizen.

2 In einem großen Topf 2,5 Liter Wasser aufkochen und dann eine gute Prise Salz (etwa 1 Teelöffel) hinzugeben. Die Karotten und den Sellerie waschen, schälen und in grobe Stücke schneiden. Den Lauch putzen, längs halbieren, waschen und ebenfalls in grobe Stücke schneiden. Die Zwiebel schälen und zusammen mit den Gewürzen in das Salzwasser geben und aufkochen lassen.

3 Die Haxen waschen, trocken tupfen und in den kochenden Sud geben. Bei niedriger Hitze etwa 1 Stunde und 15 Minuten sanft köcheln lassen, dabei den am Anfang hochsteigenden Schaum abschöpfen.

4 Die Haxen aus dem Sud nehmen und die weiche Schwarte mit einem Messer rautenförmig einschneiden. Das Fleisch in einen Bräter legen und im Ofen 1–1 ½ Stunden garen, dabei in den ersten 30 Minuten ab und zu mit dem Bier übergießen. Den Ofen in den letzten 10 Minuten auf Grillfunktion schalten (250–260 °C) und die Haxen knusprig braten. Gegebenenfalls etwas Kochsud in den Bräter gießen.

5 Für die Knödel die Kartoffeln waschen und mit der Schale in Salzwasser in etwa 25 Minuten gar kochen. Abgießen, etwas ausdampfen lassen, dann schälen und durch die Kartoffelpresse drücken. Zwei Drittel vom Mehl, die Eier, Salz sowie Muskat dazugeben und alles zu einem lockeren, gut formbaren Teig verkneten. Bei Bedarf etwas mehr Mehl unterarbeiten. Vom Teig Portionen abnehmen und mit bemehlten Händen Knödel daraus formen. Die Knödel in kochendes Salzwasser legen und darin offen bei schwacher Hitze in etwa 20 Minuten gar ziehen lassen.

6 Die Haxen aus dem Bräter nehmen und den Bratensatz mit etwas Bier oder Wasser lösen. Die Sauce nach Bedarf mit Saucenbinder binden und mit Salz und Pfeffer abschmecken. Die Knödel mit einem Schaumlöffel herausnehmen. Die Schweinshaxen zusammen mit der Sauce und den Knödeln anrichten und mit Petersilie garniert servieren.

TIPP

Den Kochsud der Haxe sollten Sie nicht wegschütten, denn diese kräftige Brühe dient hervorragend als Grundlage für Eintöpfe oder als Fond für einen Schweinebraten. Dazu gießen Sie den Sud einfach durch ein Sieb, schöpfen das Fett von der Oberfläche ab, frieren ihn dann ein oder füllen ihn kochend heiß in Schraubgläser.

Spanferkelkeule
mit Malzbiersauce

1,5 kg Spanferkelkeule
(ohne Mittel- und Hüftknochen)

500 g klein gehackte Schweineknochen
(z. B. Mittel- und Hüftknochen, Rippen,
Schwanzknochen)

Salz · frisch gemahlener Pfeffer

2 Zwiebeln · 1 Knoblauchzehe

2 Karotten · 150 g Knollensellerie

2 EL Pflanzenöl · 1 EL Tomatenmark

etwa 600 ml Fleischbrühe

250 ml Malzbier

VORBEREITUNGSZEIT: 45 MINUTEN
GARZEIT: 3 STUNDEN

1 Den Backofen auf 180 °C (Umluft) vorheizen.

2 Das Fleisch und die Knochen unter fließendem kaltem Wasser waschen und trocken tupfen. Die Fleischseite mit Salz und Pfeffer, die Schwartenseite nur mit Salz einreiben und die Keule mit dem Küchengarn in Form binden.

3 Die Zwiebeln, den Knoblauch, die Karotten und den Sellerie schälen und würfeln.

4 In einem Bräter das Öl erhitzen und die Knochen darin 10 Minuten bei mittlerer Hitze unter Rühren braun anrösten. Das Gemüse zugeben und braun mitbraten. Das Tomatenmark einrühren, kurz mitschwitzen und mit etwas Brühe ablöschen. Die Hälfte vom Malzbier angießen und die Keule mit der Schwarte nach unten in die Flüssigkeit legen.

5 Die Keule im vorgeheizten Ofen 2–2½ Stunden garen und nach 1½ Stunden wenden. Nach Bedarf ab und zu Brühe sowie das restliche Malzbier nachgießen. Bei Garzeitende mit einer Gabel testen, ob der Braten weich ist und beim Anstechen klarer Saft herausläuft. Dann den Bräter herausnehmen und den Ofen auf Grillfunktion (250–260 °C) stellen.

6 Zum Bestreichen der Schwarte etwa 5 Esslöffel Wasser mit 1 Messerspitze Salz verrühren. Die Schwarte mit dem Salzwasser bepinseln, den Braten auf einen Grillrost setzen (eine Fettpfanne als Tropfschutz daruntersetzen) und im Ofen in 15 Minuten von allen Seiten knusprig bräunen. Das Fleisch dabei immer wieder wenden und mit Salzwasser bestreichen.

7 Die Sauce durch ein feines Sieb passieren und in einem kleinen Topf sämig einkochen. Mit Salz und Pfeffer kräftig abschmecken. Den Braten in Scheiben schneiden und mit der Sauce servieren.

Spanferkelbraten

1 Den Backofen auf 200 °C (Umluft) vorheizen.

2 Karotten, Petersilienwurzeln, Sellerie, Schalotten und Knoblauch schälen und in grobe Stücke schneiden.

3 Das Spanferkel waschen und trocken tupfen. Mit Salz, Pfeffer und Paprikapulver von allen Seiten einreiben und in einem heißen Bräter im Öl von allen Seiten anbraten. Das vorbereitete Gemüse um den Braten herum verteilen und das Fleisch im vorgeheizten Ofen etwa 30 Minuten braten. Nach Bedarf etwas Wasser angießen.

4 Währenddessen die Tomate waschen, den Stielansatz herausschneiden und halbieren. Die Paprikaschote halbieren, Samen und Scheidewände entfernen, waschen und in Streifen schneiden. Beides mit den Lorbeerblättern zum Gemüse geben, mit Salz und Pfeffer würzen. Alles weitere 30 Minuten bei 120 °C fertig garen.

5 Den Braten herausnehmen, mit Salzwasser bepinseln und auf einen Grillrost legen (eine Fettpfanne als Tropfschutz daruntersetzen). Den Ofen auf Grillfunktion (250–260 °C) schalten und das Spanferkel knusprig bräunen.

6 Den Bratensaft mit Salz und Pfeffer abschmecken und nach Bedarf noch etwas Wasser angießen.

7 Den Braten in Scheiben schneiden und auf dem Wurzelgemüse anrichten. Mit dem Bratensaft servieren.

ZUTATEN FÜR 4 PERSONEN

2 Karotten · 2 Petersilienwurzeln

200 g Knollensellerie · 8 Schalotten

2 Knoblauchzehen

1,8 kg Spanferkelrücken
(mit Kotelettknochen und Schwarte)

Salz · frisch gemahlener Pfeffer

1 TL edelsüßes Paprikapulver · 2 EL Pflanzenöl

1 Tomate · 1 rote Paprikaschote

2 Lorbeerblätter

ZUBEREITUNGSZEIT: 25 MINUTEN
GARZEIT: 1 STUNDE 10 MINUTEN

Spanferkelrücken

ZUTATEN FÜR 4–6 PERSONEN

1 kg Spanferkelrücken
(mit Schwarte, doppelt, hohl
ausgelöst; am besten vom
Metzger einschneiden lassen)

Meersalz

frisch gemahlener Pfeffer

4 Zweige Rosmarin

5 Knoblauchzehen

2 EL grobkörniger Senf

4 EL Olivenöl

1 Zwiebel

150 ml trockener Weißwein

3 EL Salzwasser
(zum Bestreichen)

Speisestärke
(zum Binden der Sauce)

2–3 EL Butter (zum Verfeinern)

2 Stängel Majoran, Basilikum
oder Thymian (zum Garnieren)

ZUBEREITUNGSZEIT: 40 MINUTEN
GARZEIT: 1 STUNDE 30 MINUTEN

1 Den Backofen auf 200 °C (Ober-und Unterhitze) vorheizen.

2 Das Fleisch waschen, trocken tupfen und innen und außen salzen und pfeffern.

3 Von zwei Rosmarinzweigen die Nadeln abstreifen und sehr fein hacken. Den Knoblauch schälen und grob hacken. Beides mit dem Senf mischen und auf der Innenseite des Spanferkelrückens gleichmäßig verteilen. Das Fleisch von beiden Seiten zur Mitte hin zusammenrollen und mit Küchengarn zu einer Roulade binden.

4 In einem Bräter das Öl erhitzen und das Fleisch darin bei mittlerer Hitze von allen Seiten goldbraun anbraten. Inzwischen die Zwiebel schälen, grob hacken und mit dem übrigen Rosmarin zum Fleisch geben. Den Wein sowie 250 ml Wasser angießen und den Braten im vorgeheizten Ofen etwa 1 ½ Stunden braten, dabei das Fleisch gelegentlich wenden. Den Braten mehrfach mit dem Bratensaft begießen und bei Bedarf noch etwas Wasser hinzufügen.

5 Den Braten aus dem Bräter nehmen, auf eine ofenfeste Platte setzen, mit Salzwasser bestreichen und bei 250–260 °C (Grillfunktion einschalten) in etwa 5 Minuten knusprig bräunen.

6 Den Bratensatz aus dem Bräter mit wenig Wasser lösen und durch ein Sieb gießen. Etwas Speisestärke in kaltem Wasser anrühren und die Flüssigkeit damit binden. Mit Salz und Pfeffer abschmecken und mit Butter verfeinern.

7 Den Braten in Scheiben schneiden, mit den Kräutern auf einem Servierbrett anrichten und mit der Sauce servieren.

TIPP

Sollten Sie noch Reste des Spanferkelrückens haben, können Sie diese problemlos einfrieren – am besten portionsweise.

Schweinebraten
mit Trauben

ZUTATEN FÜR 4 PERSONEN

1 kg Schweinebraten (aus der
Schulter ohne Schwarte)

Salz

frisch gemahlener Pfeffer

2 Knoblauchzehen

4 Zweige Rosmarin

2 EL Fenchelsamen

2 EL Pflanzenöl

40 g Butterschmalz

100 g Schalotten

400 ml Vin Santo
(oder anderer Dessertwein)

250 ml Fleischbrühe

300 g reife weiße Trauben

Speisestärke
(zum Binden der Sauce)

ZUBEREITUNGSZEIT: 40 MINUTEN
GARZEIT: 1 STUNDE 15 MINUTEN

1 Den Backofen auf 200° C (Ober- und Unterhitze) vorheizen.

2 Den Schweinebraten waschen, trocken tupfen und von allen Seiten
kräftig mit Salz und Pfeffer würzen.

3 Den Knoblauch schälen und sehr fein hacken. Den Rosmarin waschen,
trocken schütteln, die Nadeln abstreifen und mit den Fenchelsamen und
dem Knoblauch vermischen.

4 Den Braten mit dem Öl bestreichen und in die Kräutermischung
drücken. Das Fleisch mit Küchengarn in Form binden.

5 In einem Bräter das Schmalz erhitzen und das Fleisch darin von allen
Seiten goldbraun anbraten.

6 Die Schalotten schälen, große Exemplare halbieren, ansonsten ganz
lassen. Das Fleisch mit der Hälfte des Vin Santo begießen, die Schalotten
einlegen und alles im vorgeheizten Ofen 1 Stunde garen, dabei gelegentlich mit dem Bratenfond begießen. Nach 30 Minuten Garzeit den restlichen Wein und die Brühe angießen.

7 Inzwischen die Trauben waschen und in kleinere Stücke schneiden.
Die Trauben etwa 10 Minuten vor Ende der Garzeit zum Fleisch legen
und mitgaren.

8 Den fertigen Braten herausnehmen und in Folie gewickelt 10 Minuten
ruhen lassen. Den Bratenfond abgießen, die Trauben herausnehmen und
die Sauce abschmecken. Etwas Speisestärke in kaltem Wasser anrühren
und die Sauce damit abbinden.

9 Das Küchengarn entfernen und den Braten auf einer Platte anrichten.
Den Braten in Scheiben schneiden und mit den Trauben und der
Sauce servieren.

Weihnachtsschinken

mit Nelken und Perlzwiebeln

ZUTATEN FÜR 4–6 PERSONEN

1,5 kg gepökelter Schweinebraten (mit Schwarte)

etwa 5 g Nelken (zum Spicken)

4 EL Apfelgelee

4 EL Zitronensaft

1 Prise Cayennepfeffer

500 g Perlzwiebeln

Salz

frisch gemahlener Pfeffer

ZUBEREITUNGSZEIT: 15 MINUTEN
GARZEIT: 1 STUNDE 30 MINUTEN

1 Den Backofen auf 180 °C (Ober- und Unterhitze) vorheizen.

2 Den Braten unter fließendem kaltem Wasser waschen und trocken tupfen. Die Schwarte rautenförmig einschneiden und an den Rautenecken mit Nelken bespicken.

3 In einem Topf das Apfelgelee erwärmen und mit dem Zitronensaft und dem Cayennepfeffer zu einer Glasur verrühren.

4 Den Braten in einen Bräter setzen und etwa 200 ml Wasser angießen. Den Braten mit etwas Glasur bepinseln und im vorgeheizten Ofen etwa 1 ½ Stunden braten, dabei das Fleisch immer wieder mit der Glasur bestreichen und, falls nötig, noch etwas Wasser angießen.

5 In der Zwischenzeit die Perlzwiebeln kurz blanchieren, abschrecken und schälen. Zwiebeln nach etwa 1 Stunde zum Braten geben und mit Salz und Pfeffer würzen.

6 Den Braten herausnehmen, etwas ruhen lassen, in Scheiben schneiden und mit den Perlzwiebeln servieren.

Gulaschsuppe

1 Die Zwiebeln schälen und fein würfeln, dann in einem Topf in dem heißen Schmalz oder in Öl goldgelb rösten. Das Paprikapulver darüberstauben und mit etwas Fleischbrühe ablöschen.

2 Das Schweinegulasch waschen und trocken tupfen. Den Knoblauch schälen und fein hacken.

3 Die Fleischwürfel mit Kümmel, Salz, Tomatenmark und Knoblauch in den Topf geben und das Ganze im eigenen Saft in etwa 30 Minuten weich dünsten, dabei immer wieder umrühren und mit etwas Flüssigkeit aufgießen.

4 In der Zwischenzeit die Kartoffeln schälen, klein würfeln und dazugeben, etwas Brühe aufgießen und alles zugedeckt in etwa 30 Minuten gar kochen.

5 Die Gulaschsuppe noch einmal herzhaft abschmecken und mit Majoranblättchen garniert servieren.

ZUTATEN FÜR 4 PERSONEN

200 g Zwiebeln

2 EL Schweineschmalz oder Pflanzenöl

½ TL rosenscharfes Paprikapulver

Fleischbrühe (nach Bedarf)

500 g Gulasch vom Schwein

1 Knoblauchzehe

½ TL fein gehackter Kümmel

Salz

1 TL Tomatenmark

200 g Kartoffeln

frische Majoranblättchen (zum Garnieren)

ZUBEREITUNGSZEIT: 30 MINUTEN
GARZEIT: 1 STUNDE

Gegrilltes Minutensteak

1 Den Backofen auf Grillfunktion (250–260 °C) schalten und mit einem Grillrost vorheizen.

2 Die Koteletts unter fließendem kaltem Wasser waschen und trocken tupfen. Mit Öl bepinseln und mit Salz sowie Pfeffer würzen. Die Koteletts auf den Grillrost im Ofen legen (ein Backblech als Tropfschutz daruntersetzen) und etwa 10 Minuten grillen, dabei einmal wenden.

3 Währenddessen die Zwiebeln schälen und in Ringe schneiden. Den Knoblauch schälen und in feine Scheiben schneiden.

4 In einer Pfanne das Öl erhitzen, darin Zwiebeln und Knoblauch langsam goldbraun braten, mit dem Mehl bestauben und mit der Brühe ablöschen. Einige Minuten sanft einköcheln lassen (die Sauce soll nur eine leichte Bindung bekommen).

5 Zum Schluss die Kräuter zur Sauce geben, dann mit Salz und Pfeffer abschmecken. Die Sauce über die Fleischscheiben geben und servieren.

ZUTATEN FÜR 4 PERSONEN

8 dünne Schweinekoteletts (à 150 g) · Olivenöl

Salz · frisch gemahlener Pfeffer · 2 Zwiebeln

2 Knoblauchzehen · 1 EL Pflanzenöl

1 TL Mehl · 200 ml Fleischbrühe

2 EL frisch gehackte Kräuter (z. B. Basilikum, Majoran, Thymian)

ZUBEREITUNGSZEIT: 10 MINUTEN
GARZEIT: 10 MINUTEN

TIPP

Reichen Sie zu den gegrillten Minutensteaks knusprige Brotchips oder herzhafte Gemüsebratkartoffeln.

Frikadellen
mit Kartoffelsalat

ZUTATEN FÜR 4 PERSONEN

1 Brötchen (vom Vortag)

1 kg festkochende Kartoffeln

Salz

1 Zwiebel

200 ml heiße Fleischbrühe

4–5 EL Weinessig

Salz · frisch gemahlener Pfeffer

1 Zwiebel

1 EL Butter

2 Eier

1 TL Ketchup

1 TL scharfer Senf

1 EL frisch gehackte Petersilie

1 EL frisch gehackter Majoran

800 g gemischtes Hackfleisch

Semmelbrösel (nach Bedarf)

Salz

frisch gemahlener Pfeffer

Butterschmalz

ZUBEREITUNGSZEIT: 30 MINUTEN
GARZEIT: 10 MINUTEN

1 Das Brötchen in ein wenig lauwarmem Wasser einweichen.

2 Für den Kartoffelsalat die Kartoffeln waschen und etwa 30 Minuten in Salzwasser gar kochen. Die Zwiebel schälen, fein würfeln und mit der Brühe und dem Essig aufkochen lassen.

3 Die Kartoffeln schälen, in Scheiben schneiden und mit der Zwiebelbrühe übergießen. Mit Salz und Pfeffer großzügig würzen und darin etwa 15 Minuten ziehen lassen.

4 Für die Frikadellen die Zwiebel schälen, fein würfeln und in einer Pfanne in der heißen Butter glasig anschwitzen.

5 Die Zwiebeln zusammen mit dem ausgedrückten Brötchen, den Eiern, Ketchup, Senf, Petersilie und Majoran unter das Hackfleisch mengen. Nach Bedarf Semmelbrösel unterkneten, sodass der Teig gut formbar ist, und den Teig mit Salz und Pfeffer würzig abschmecken.

6 Aus dem Teig acht bis zwölf Fleischpflanzerl formen und in der Pfanne in heißem Butterschmalz auf jeder Seite etwa 4 Minuten goldbraun braten.

TIPP

Je nachdem, ob Sie dieses Rezept für eine herzhafte Mahlzeit oder für ein Gartenfest zubereiten: Servieren Sie die Frikadellen entweder direkt aus der heißen Pfanne oder kalt und reichen Sie dazu den noch warmen oder kalten Kartoffelsalat.

Kasseler mit Kohlrabistreifen
und Petersilienkartoffeln

ZUTATEN FÜR 4 PERSONEN

12 kleine Kartoffeln

Salz

600 g Kohlrabi

100 ml Gemüsebrühe

150 g Crème fraîche

2 EL grobkörniger Senf

Salz

frisch gemahlener Pfeffer

2 EL Pflanzenöl

600 g gegartes, ausgelöstes Kasseler, in 4 Scheiben

Butter (zum Anbraten)

1–2 EL frisch gehackte Petersilie

1 Prise frisch geriebene Muskatnuss

2 EL frisch gehackte Petersilie (zum Garnieren)

ZUBEREITUNGSZEIT: 45 MINUTEN
GARZEIT: 30 MINUTEN

1 Die Kartoffeln schälen und in reichlich Salzwasser etwa 25 Minuten gar kochen.

2 Währenddessen die Kohlrabiknolle schälen, erst in Scheiben und dann in dünne Streifen schneiden. Den Kohlrabi in Salzwasser 2–3 Minuten blanchieren, abschrecken und abtropfen lassen.

3 Die Gemüsebrühe in einen Topf geben und zum Kochen bringen. Die Crème fraîche und den Senf einrühren. Die Sauce mit Salz und Pfeffer abschmecken, nicht mehr kochen lassen.

4 In einer Pfanne das Öl erhitzen und darin das Fleisch langsam anbraten.

5 Die fertig gegarten Kartoffeln abgießen und anschließend in einer Pfanne in heißer Butter mit der Petersilie schwenken, dabei leicht salzen.

6 Die Kohlrabistreifen ebenfalls in heißer Butter schwenken und mit Salz und Muskat würzen.

7 Das Gemüse mit den Kasselerscheiben und der Sauce beträufelt anrichten. Mit Petersilie bestreut servieren.

Quark-Sauerkraut-Auflauf
mit Kasseler

ZUTATEN FÜR 4–6 PERSONEN

400 g Kasseler (ohne Knochen)

1 Stange Lauch

2 EL Butter · 3 Eier

200 g Quark · 200 g Schmand

50 g geriebener Käse (z. B. Bergkäse)

Salz · frisch gemahlener Pfeffer

1 Prise frisch geriebene Muskatnuss

etwa 400 g Sauerkraut (aus der Dose)

2 EL frisch gehackter Majoran

2 EL Sonnenblumenkerne (zum Garnieren)

ZUBEREITUNGSZEIT: 30 MINUTEN
GARZEIT: 45 MINUTEN

1 Den Backofen auf 180 °C (Umluft) vorheizen.

2 Das Kasseler unter fließendem kaltem Wasser waschen, trocken tupfen und klein würfeln.

3 Den Lauch putzen, waschen und in Ringe schneiden. In einer Pfanne die Butter erhitzen und den Lauch darin kurz anschwitzen, das Kasseler untermengen und die Pfanne vom Herd nehmen.

4 Die Eier trennen. Den Quark mit dem Schmand, den Eigelben und dem Käse gut verrühren. Mit Salz, Pfeffer und Muskat würzen.

5 Das Sauerkraut gut abtropfen lassen.

6 Etwa zwei Drittel der Quarkmasse in eine Auflaufform geben, glatt streichen und darauf den Lauch mit dem Kassler verteilen. Das Sauerkraut darüber verteilen, mit Salz und Pfeffer würzen und mit dem Majoran bestreuen.

7 Die Eiweiße steif schlagen und unter die restliche Quarkmasse heben. Auf dem Gemüse verteilen und mit den Sonnenblumenkernen bestreuen.

8 Den Auflauf im vorgeheizten Ofen etwa 45 Minuten goldbraun backen.

Linseneintopf
mit Speck

1 Die Linsen waschen und gut abtropfen lassen.

2 Karotten und Sellerie schälen, die Karotten in Scheiben schneiden und den Sellerie fein würfeln. Schalotten und Knoblauch schälen und fein hacken. Den Speck würfeln.

3 In einem Topf das Öl erhitzen und darin den Speck kurz anbraten. Karotten, Sellerie, Schalotten und Knoblauch zufügen und die Fleischbrühe angießen.

4 Die Linsen und das Lorbeerblatt mit in den Topf geben und alles unter gelegentlichem Rühren weitere 30 Minuten leise köcheln lassen.

5 Die Frühlingszwiebeln waschen, putzen und in Ringe schneiden. Die Mettwurst in Scheiben schneiden und zusammen mit den Frühlingszwiebeln zum Eintopf geben. Alles etwa 10 Minuten gar köcheln lassen. Mit Salz, Essig und Pfeffer abschmecken und servieren.

ZUTATEN FÜR 4 PERSONEN

250 g Tellerlinsen

2 Karotten · 200 g Knollensellerie

2 Schalotten · 2 Knoblauchzehen

150 g durchwachsener Speck

1 EL Sonnenblumenöl

800 ml Fleischbrühe

1 Lorbeerblatt

2 Frühlingszwiebeln

200 g Mettwurst

Salz · Weinessig

frisch gemahlener Pfeffer

ZUBEREITUNGSZEIT: 25 MINUTEN
GARZEIT: 45 MINUTEN

Kasseler

mit Kräuterkruste

ZUTATEN FÜR 4 PERSONEN

3 Knoblauchzehen

1 Bund Basilikum

1 Bund Petersilie

2 EL scharfer Senf

5 EL gemahlene Haselnusskerne

1 Eigelb

Salz

frisch gemahlener Pfeffer

750 g rohes, ausgelöstes Kasseler

1 EL Mehl

600 g junge festkochende Kartoffeln

250 ml Bier

ZUBEREITUNGSZEIT: 15 MINUTEN
EINWEICHZEIT: 12 STUNDEN
GARZEIT: 45 MINUTEN

1 Den Backofen auf 180 °C (Ober- und Unterhitze) vorheizen.

2 Den Knoblauch schälen und fein hacken. Den Basilikum und die Petersilie waschen, trocken schütteln, die Blättchen von den Stielen zupfen und ebenfalls fein hacken. Knoblauch und Kräuter mit dem Senf, den Nüssen, dem Eigelb, Salz und Pfeffer vermischen.

3 Das Fleisch unter fließendem kaltem Wasser waschen und trocken tupfen. Rundherum mit Salz und Pfeffer einreiben und in einen Bräter legen. Mit dem Mehl bestauben und mit der Kräutermasse bestreichen. Im vorgeheizten Ofen etwa 1 Stunde garen.

4 Inzwischen die Kartoffeln waschen, schälen und in Viertel schneiden.

5 Nach etwa 30 Minuten Bratzeit die Kartoffeln mit dem Bier zugeben und das Fleisch fertig garen.

6 Den Braten aus der Form nehmen, in Scheiben schneiden und diese auf den Kartoffeln angerichtet servieren.

Marinierte Nackensteaks
auf Salat

1 Den Backofen auf 250–260 °C (Grillfunktion) vorheizen.

2 Den Schweinenacken unter fließendem kaltem Wasser waschen, trocken tupfen und in acht etwa gleich dünne Scheiben schneiden.

3 Den Honig mit dem Zitronensaft, Öl, Paprikapulver und Chiliflocken verrühren und die Marinade in einer Schüssel mit den Fleischscheiben vermengen. Das Fleisch in der Marinade abgedeckt 2 Stunden im Kühlschrank ziehen lassen.

4 Die Blattsalate putzen, waschen, gut abtropfen lassen und klein zupfen. Den Balsamico mit Salz und Zucker verrühren und das Öl unterrühren.

5 Die marinierten Fleischscheiben auf einen Grillrost setzen (ein Backblech als Tropfschutz daruntersetzen) und im vorgeheizten Ofen auf jeder Seite 2–3 Minuten grillen.

6 Den Salat mit dem Dressing vermengen und auf Teller verteilen. Das gegrillte Schweinefleisch dazulegen und mit den Kräuterblättchen bestreut servieren.

ZUTATEN FÜR 4–6 PERSONEN

1 kg Schweinenacken

2 EL Honig · Saft von 1 Zitrone

4–5 EL Olivenöl

1 TL edelsüßes Paprikapulver · Chiliflocken

150 g gemischter Blattsalat (z. B. Feldsalat, Frisée, Rauke, Radicchio)

4 EL weißer Balsamico · Salz

1 Prise Zucker · 6 EL Sonnenblumenöl

frische Blättchen von Oregano oder Thymian (zum Garnieren)

ZUBEREITUNGSZEIT: 30 MINUTEN
MARINIERZEIT: 2 STUNDEN
GRILLZEIT: 6 MINUTEN

Blutwurst im Krautwickerl

1 Den Backofen auf 180 °C (Umluft) vorheizen.

2 Die Kohlblätter waschen und in Salzwasser 3–4 Minuten blanchieren. Abschrecken, trocken tupfen und die dicken Blattrippen flach schneiden.

3 Die Blutwurst enthäuten und fein würfeln.

4 Den Apfel schälen, vierteln, das Kerngehäuse entfernen und das Fruchtfleisch fein würfeln. Die Schalotte schälen und ebenfalls würfeln.

5 In einer ofenfesten Pfanne 1 Esslöffel Butterschmalz erhitzen und darin den Apfel, die Schalotte und die Blutwurst anschwitzen. Die Pfanne vom Herd nehmen, den Rosmarin untermengen und mit Salz und Pfeffer abschmecken. Alles abkühlen lassen.

6 Die abgekühlte Mischung mit dem Brät jeweils auf die Mitte der Kohlblätter setzen. Die Blattränder einschlagen und zu Krautwickerl aufrollen.

7 Die Krautwickerl in der Pfanne im restlichen Schmalz von beiden Seiten goldbraun anbraten, mit dem Rosmarin bestreuen und im vorgeheizten Ofen etwa 15 Minuten garen.

ZUTATEN FÜR 4 PERSONEN

4 große Blätter Weißkohl · Salz · 200 g Blutwurst

1 Apfel (z. B. Boskop) · 1 Schalotte

2 EL Butterschmalz

1 TL frisch gehackter Rosmarin · Salz

frisch gemahlener Pfeffer · 200 g Kalbsbrät

2 Zweige Rosmarin

ZUBEREITUNGSZEIT: 20 MINUTEN
GARZEIT: 25 MINUTEN

TIPP

Eine wunderbare Kombination: Richten Sie diese würzigen Krautwickerl mit Wurstfüllung zusammen mit einem Apfelkompott an und reichen Sie dazu eine Zwiebelkonfitüre.

Schinkensülze

1 Die Gelatine in kaltem Wasser einweichen.

2 Den Schinken würfeln. Die Paprika trocken tupfen und sehr fein würfeln. Mais, Silberzwiebeln und Cornichons gut abtropfen lassen.

3 Eine Kasten- oder Terrinenform mit Frischhaltefolie ausschlagen.

4 Den Schinken mit Paprika, Mais, Silberzwiebeln und Cornichons vermengen und gleichmäßig in die Form füllen.

5 In einem Topf die Brühe mit dem Wein und dem Essig aufkochen lassen. Vom Herd nehmen und etwas abkühlen lassen.

6 Die eingeweichte Gelatine ausdrücken, in die Wein-Essig-Brühe einrühren und mit Salz und Pfeffer abschmecken. Die Brühe über die Sülzeinlage gießen, sodass alles gut damit bedeckt und die Form gefüllt ist.

7 Die Sülze etwa 30 Minuten abkühlen lassen, die Frischhaltefolie darüberschlagen und im Kühlschrank mindestens 4 Stunden fest werden lassen.

8 Vor dem Servieren aus der Form stürzen, die Frischhaltefolie abziehen und die Sülze in Scheiben schneiden.

ZUTATEN FÜR 1 KASTEN- ODER
TERRINENFORM (1 LITER INHALT)

6 Blatt Gelatine

600 g gekochter Schinken (am Stück)

50 g eingelegte Paprika (aus dem Glas)

100 g eingelegte Maiskölbchen (aus dem Glas)

100 g Silberzwiebeln (aus dem Glas)

100 g Cornichons (aus dem Glas)

300 ml Gemüsebrühe · 100 ml Weißwein

2–3 EL Weinessig · Salz · weißer Pfeffer

ZUBEREITUNGSZEIT: 30 MINUTEN
KÜHLZEIT: 4 STUNDEN 45 MINUTEN

TIPP

Servieren Sie die herzhafte Schinkensülze mit Reibekuchen und einem bunten Blattsalat.

Bauchspeck-Zucchini-
Röllchen mit Schafskäse

1 Die Zucchini waschen und der Länge nach in 16 etwa 2 mm dicke Scheiben schneiden. Die Scheiben mit dem Öl bepinseln und in einer Pfanne auf beiden Seiten anbraten, dann herausnehmen und auskühlen lassen.

2 In der Pfanne die Pinienkerne ohne Fett unter ständigem Rühren hellbraun anrösten.

3 Den Schafskäse in dünne Streifen schneiden und gleichmäßig mit Paprikapulver bestreuen.

4 Die Speckscheiben ausbreiten, je eine Zucchinischeibe daraufgeben, ein Stück Schafskäse drauflegen und mit etwas gehacktem Rosmarin und Thymian sowie ein paar Pinienkernen bestreuen. Die Speckscheiben aufrollen und jedes Röllchen mit einem Holzspieß feststecken.

5 In der Pfanne 3–4 Esslöffel Öl erhitzen und darin die Speckröllchen von allen Seiten etwa 4 Minuten goldbraun braten.

ZUTATEN FÜR 4 PERSONEN BZW. 16 STÜCK

2 Zucchini

Olivenöl

50 g Pinienkerne

300 g Schafskäse

1 EL edelsüßes Paprikapulver

16 Scheiben geräucherter Bauchspeck
(etwa 2 mm dick)

2 EL frisch gehackte Kräuter
(z. B. Thymian und Rosmarin)

ZUBEREITUNGSZEIT: 30 MINUTEN
GARZEIT: 6 MINUTEN

Schweineroulade

mit Pilz- und Moosbeerenfüllung

ZUTATEN FÜR 4 PERSONEN

800 g Schweinelende
(küchenfertig pariert)

2 Zwiebeln

150 g Räucherspeck

1 gelbe Paprikaschote

200 g Pfifferlinge

100 g getrocknete Moosbeeren

Pflanzenöl

1 Ei

3–4 EL Weißbrotbrösel

Salz

frisch gemahlener Pfeffer

Öl (zum Einfetten des Bräters)

1 Handvoll gemischte Kräuter
(z. B. Thymian und Rosmarin)

1 TL Honig

2 EL Zitronensaft

Chiliflocken

etwa 6 EL Pflanzenöl

ZUBEREITUNGSZEIT: 45 MINUTEN
GARZEIT: 1 STUNDE 5 MINUTEN

1 Den Backofen auf 180 °C (Ober- und Unterhitze) vorheizen.

2 Die Schweinelende unter fließendem kaltem Wasser waschen und trocken tupfen. Das Fleisch längs etwa 1,5 cm dick zu einer Roulade aufschneiden und ausbreiten.

3 Die Zwiebeln schälen und klein würfeln. Den Speck ebenfalls würfeln. Die Paprikaschote halbieren, die Samen sowie Scheidewände entfernen, waschen und in feine Streifen schneiden. Die Pfifferlinge putzen und je nach Größe halbieren oder vierteln. Die Moosbeeren waschen und abtropfen lassen.

4 In einer Pfanne das Öl erhitzen und darin den Speck mit den Zwiebeln kurz anschwitzen. Paprika, Pfifferlinge und Moosbeeren unterschwenken, 1–2 Minuten braten, dann die Pfanne vom Herd nehmen. Alles ein wenig abkühlen lassen, das Ei und die Brotbrösel zufügen und die Füllung gut vermengen. Mit Salz und Pfeffer würzen.

5 Die Füllung gleichmäßig auf dem Schweinefleisch verteilen und das Fleisch aufrollen. Mit Rouladennadeln oder Schaschlikspießen feststecken. Die Roulade in einen geölten Bräter oder auf ein Backblech legen.

6 Die Kräuterblättchen abzupfen, fein hacken und mit dem Honig, dem Zitronensaft, den Chiliflocken und dem Pflanzenöl verrühren.

7 Die Roulade mit dem Kräuteröl bepinseln und im vorgeheizten Ofen etwa 1 Stunde garen lassen. Die Roulade ab und zu wenden und mehrfach mit Kräuteröl bepinseln. Nach Bedarf etwas Wasser angießen.

8 Vor dem Servieren die Nadeln oder Spieße entfernen und den Braten in Scheiben schneiden.

Schweinerollbraten

mit Sellerie

ZUTATEN FÜR 4–6 PERSONEN

1,5 kg Schweinefleisch für
Rollbraten (Kamm)

500 g Spinat

Salz

1 Schalotte

1 Knoblauchzehe

1 EL Butter

1 Ei

50 g Pinienkerne, geröstet

2 EL geriebener Bergkäse

frisch gemahlener Pfeffer

1 Prise frisch geriebene
Muskatnuss

2 EL Pflanzenöl

500 ml Fleischbrühe

4 Knoblauchzehen

1 Chilischote

500 g festkochende
Kartoffeln

400 g Knollensellerie

ZUBEREITUNGSZEIT: 45 MINUTEN
GARZEIT: 2 STUNDEN 15 MINUTEN

1 Den Backofen auf 180 °C (Ober- und Unterhitze) vorheizen.

2 Das Fleisch unter fließendem kaltem Wasser waschen, trocken tupfen und längs etwa 2 cm dick zu einer Roulade aufschneiden.

3 Den Spinat waschen, putzen und in Salzwasser kurz blanchieren. Abschrecken, ausdrücken und fein hacken.

4 Schalotte und Knoblauch schälen und fein würfeln, in einer Pfanne in der Butter glasig anschwitzen und zum Spinat geben. Ei, Pinienkerne und Käse dazugeben, alles gut vermengen und mit Salz, Pfeffer und Muskat abschmecken.

5 Die Füllung gleichmäßig auf das Fleisch streichen und das Fleisch aufrollen. Die Roulade mit Küchengarn zusammenbinden und mit Salz und Pfeffer würzen.

6 In einem Bräter das Öl erhitzen und darin das Fleisch von allen Seiten braun anbraten. Mit etwas Brühe ablöschen und im vorgeheizten Ofen etwa 2 Stunden schmoren lassen. Den Braten immer wieder mit Brühe übergießen. Der Boden des Bräters sollte stets mit Flüssigkeit bedeckt sein.

7 Die Knoblauchzehen schälen, die Chilischote waschen. Die Kartoffeln waschen und längs halbieren. Den Sellerie schälen und in dicke Scheiben schneiden. Alles etwa eine Stunde vor Ende der Garzeit um den Rollbraten herum verteilen und mit Salz und Pfeffer würzen.

8 Nach Ende der Garzeit den Rollbraten herausnehmen, das Küchengarn entfernen und das Fleisch auf dem Gemüse angerichtet servieren.

Schweinefilet
gefüllt mit Blauschimmelkäse

1 Den Backofen auf 180 °C (Ober- und Unterhitze) vorheizen.

2 Das Schweinefilet unter fließendem kaltem Wasser waschen, trocken tupfen und mit einem scharfen Messer längs eine Tasche einschneiden.

3 Für die Füllung das Weißbrot würfeln und in einer Schüssel mit der Milch vermengen. Die Schalotten schälen und fein würfeln. In einer Pfanne die Butter erhitzen und darin die Schalotten anschwitzen.

4 Die Schalotten mit dem Ei und dem Blauschimmelkäse unter das Brot mengen und mit Salz und Pfeffer würzen.

5 Die Füllung in die Fleischtasche füllen, das Fleisch mit Pfeffer bestreuen und mit Küchengarn zusammenbinden.

6 In einem Bräter etwas Öl erhitzen und darin das gefüllte Schweinefilet rundherum anbraten. Dann den Wein und den Fond angießen. Den Bräter in den vorgeheizten Ofen schieben und das Fleisch darin weitere 30 Minuten schmoren lassen. Währenddessen das Filet ab und zu wenden.

7 Das Fleisch aus dem Bräter nehmen, das Küchengarn entfernen und den Braten in Alufolie gewickelt ruhen lassen. Zum Servieren das Filet in Scheiben schneiden und mit Kräutern garnieren.

ZUTATEN FÜR 4–6 PERSONEN

750 g Schweinefilet

100 g Weißbrot (vom Vortag)

40 ml lauwarme Milch · 2 Schalotten

1 EL Butter · 1 Ei

100 g Blauschimmelkäse, fein zerbröckelt

Salz · frisch gemahlener Pfeffer · Pflanzenöl

100 ml trockener Weißwein

250 ml Geflügelfond

Kräuter (zum Garnieren)

ZUBEREITUNGSZEIT: 30 MINUTEN
GARZEIT: 40 MINUTEN

TIPP

Probieren Sie es aus! Zu dem Schweinefilet mit der delikaten Käsefüllung schmecken ganz ausgezeichnet Rösti.

Szegediner Gulasch

1 Das Fleisch unter fließendem kaltem Wasser waschen, trocken tupfen und in etwa 2 cm große Würfel schneiden.

2 Zwiebeln und Knoblauch schälen. Die Zwiebeln in Streifen schneiden, den Knoblauch fein würfeln.

3 In einem Topf das Öl erhitzen und darin das Fleisch portionsweise anbraten. Dabei die fertig gebratenen Stücke immer wieder herausnehmen.

4 Das gesamte Fleisch wieder in den Topf geben und zusammen mit den Zwiebelstreifen und dem Knoblauch goldbraun braten.

5 Das Tomatenmark unterrühren und kurz mitschwitzen. Mit so viel Brühe ablöschen, dass das Fleisch knapp bedeckt ist. Mit dem Paprikapulver, Salz, Pfeffer, Wacholderbeeren und dem Lorbeerblatt würzen und alles halb zugedeckt etwa 1 Stunde leise schmoren lassen. Dabei gelegentlich rühren. Bei Bedarf noch etwas Brühe angießen.

6 Das Sauerkraut dazugeben, untermengen und alles weitere 30 Minuten schmoren lassen. Das Gulasch abschließend mit Salz, Pfeffer und Cayennepfeffer abschmecken und mit der sauren Sahne verfeinern.

ZUTATEN FÜR 4 PERSONEN

1 kg Schweinefleisch (z. B. aus der Schulter)

2 Zwiebeln · 2 Knoblauchzehen

Pflanzenöl · 1 EL Tomatenmark

600 ml Fleischbrühe

1 EL rosenscharfes Paprikapulver

1 EL edelsüßes Paprikapulver

Salz · frisch gemahlener Pfeffer

1 TL Wacholderbeeren

1 Lorbeerblatt

250 g frisches Sauerkraut

Cayennepfeffer · 50 g saure Sahne

ZUBEREITUNGSZEIT: 25 MINUTEN
GARZEIT: 1 STUNDE 45 MINUTEN

Schlachtplatte
mit Sauerkraut

ZUTATEN FÜR 4 PERSONEN

1 Zwiebel

1 Knoblauchzehe

2 EL Schweineschmalz

1 Apfel

750 g Sauerkraut (aus der Dose)

400 g geräucherter Bauchspeck (in Scheiben)

2 Lorbeerblätter

2 Wacholderbeeren

3 Gewürznelken

12 schwarze Pfefferkörner

150 ml trockener Weißwein

7 Debrecziner

ZUBEREITUNGSZEIT: 35 MINUTEN
GARZEIT: 1 STUNDE 30 MINUTEN

1 Die Zwiebel und den Knoblauch schälen, dann beides fein würfeln. In einem Topf das Schmalz erhitzen, darin die Zwiebel- und die Knoblauchstücke anschwitzen.

2 Den Apfel schälen, das Kerngehäuse entfernen, ebenfalls fein würfeln. Die Apfelwürfel in den Topf geben und die Hälfte des Sauerkrauts zufügen. Den Bauchspeck dazugeben und die Gewürze darüberstreuen. Das restliche Sauerkraut darüberschichten, den Wein und etwa 150 ml Wasser angießen. Das Ganze zugedeckt etwa 1 Stunde leise köcheln lassen.

3 Die Debrecziner zum Kraut geben und weitere 30 Minuten garen lassen. Nach Ende der Garzeit das Sauerkraut abschmecken, die Würste herausnehmen, in Stücke schneiden und mit dem Sauerkraut und dem Speck auf Tellern angerichtet servieren.

TIPP

Reichen Sie zu der Schlachtplatte mit Sauerkraut ein frisches Bauernbrot. Das passende Getränk dazu ist ein helles Bier.

Klachelsuppe

aus Schweinshaxe und Wurzelgemüse

ZUTATEN FÜR 4 PERSONEN

1 kg Klacheln (Schweinshaxe, -stelze,
-schwarte und -kopf)

2 Zwiebeln · 2 Knoblauchzehen

2 Karotten · 200 g Knollensellerie

100 g Petersilienwurzel

2 EL Essig

1 Lorbeerblatt · 4 Wacholderbeeren

1 EL Pfefferkörner

½ Stange Lauch (Weiß und Hellgrün)

2 EL Butter · 2 EL Mehl

100 g Graupen

Salz · frisch gemahlener Pfeffer

ZUBEREITUNGSZEIT: 45 MINUTEN
GARZEIT: 2 STUNDEN

1 Die Klacheln unter fließendem kaltem Wasser waschen, trocken tupfen und grob hacken.

2 Zwiebeln, Knoblauch, Karotten, Sellerie und Petersilienwurzel schälen und bis auf eine Karotte alles grob würfeln.

3 In einem großen Topf die Klacheln zusammen mit dem Suppengemüse, Essig, dem Lorbeerblatt, den Wacholderbeeren und Pfefferkörnern in einen großen Topf geben. Etwa 2 Liter kaltes Wasser aufgießen, sodass alles bedeckt ist. Das Fleisch etwa 1 ½ Stunden leise köcheln lassen, bis sich das Fleisch vom Knochen löst.

4 Die beiseitegelegte Karotte in feine Streifen schneiden oder hobeln. Den Lauch waschen, putzen, den weißen Teil in Ringe, den hellgrünen in feine Streifen schneiden.

5 Das Fleisch herausnehmen, vom Knochen ablösen und in kleine Würfel schneiden. Die Suppenbrühe durch ein Sieb abgießen und beiseitestellen.

6 Im Topf die Butter erhitzen. Das Mehl darin anschwitzen und mit der Suppenbrühe aufgießen (falls nötig, noch etwas Wasser zugeben). Die Graupen hineingeben und 20 Minuten fast gar köcheln lassen. Zum Schluss das Fleisch, die Karotte und den Lauch hineingeben und alles weitere 5–10 Minuten köcheln lassen. Die Suppe mit Salz und Pfeffer abschmecken und servieren.

Speckknödelsuppe

1 Die Brötchen in kleine Würfel schneiden, mit der Milch übergießen und etwa 30 Minuten quellen lassen.

2 Die Zwiebel schälen und fein würfeln, den Speck in kleine Würfel oder feine Streifen schneiden.

3 In einer Pfanne die Butter erhitzen und den Speck darin anbraten, dann herausnehmen. Die Zwiebel in der restlichen Butter andünsten.

4 Die gequollenen Brötchen mit dem Speck (etwas davon für die Garnitur aufheben), Zwiebel, Petersilie und den Eiern vermengen und gut durchkneten. Ist der Teig zu feucht, noch etwas Semmelbrösel unterkneten.

5 In einem Topf die Fleischbrühe zum Kochen bringen. Aus dem Teig mit nassen Händen gleich große Knödel formen und in die kochende Brühe einlegen. Die Knödel in der siedenden Brühe 20–25 Minuten ziehen lassen.

6 Den Schnittlauch waschen und in feine Röllchen schneiden. Die Knödel in der heißen Brühe mit dem Speck und dem Schnittlauch bestreut servieren.

ZUTATEN FÜR 4 PERSONEN

8 Brötchen (vom Vortag)

250–300 ml lauwarme Milch

1 Zwiebel

200 g geräucherter, durchwachsener Speck (in dünnen Scheiben)

1 EL Butter · 4 EL frisch gehackte Petersilie

3 Eier

Semmelbrösel (nach Bedarf)

1–1 ½ Liter Fleischbrühe

4 EL Schnittlauch

ZUBEREITUNGSZEIT: 30 MINUTEN
QUELLZEIT: 25 MINUTEN
GARZEIT: 25 MINUTEN

Gebratene Rippchen
mit Kohl

ZUTATEN FÜR 4 PERSONEN

frischer Ingwer
(etwa 1,5 cm)

1 TL Currypulver

Salz

frisch gemahlener Pfeffer

3 EL Keimöl

1,5 kg Schweinerippchen,
küchenfertig

400 g Weißkohl

400 g Wirsingkohl

2 Gemüsezwiebeln

2 EL Pflanzenöl

150 ml trockener Weißwein

1 TL Kümmel

1 Lorbeerblatt

2 Pimentkörner

350 ml Gemüsebrühe

20 g Butterschmalz

1 Handvoll frische Kräuterblätter
(zum Garnieren)

ZUBEREITUNGSZEIT: 40 MINUTEN
GARZEIT: 45 MINUTEN

1 Für die Marinade den Ingwer schälen, fein reiben und mit dem Curry, Salz, Pfeffer sowie dem Öl vermischen.

2 Die Rippchen unter fließendem kaltem Wasser waschen und trocken tupfen. Das Fleisch in einzelne Rippen teilen und von allen Seiten mit der Marinade bestreichen. Die Rippchen abgedeckt im Kühlschrank etwa 30 Minuten ziehen lassen.

3 Den Kohl putzen, waschen, die harten Strünke herausschneiden und die Blätter in schmale Streifen schneiden. Die Zwiebeln schälen, halbieren und ebenfalls in Streifen schneiden.

4 In einem Bräter das Pflanzenöl erhitzen und darin die Zwiebeln mit dem Kohl 2–3 Minuten unter Rühren anbraten. Mit dem Wein ablöschen, Kümmel, Lorbeerblatt und Pimentkörner hinzufügen, schließlich die Brühe angießen. Zugedeckt bei mittlerer Hitze etwa 45 Minuten weich schmoren lassen.

5 In einer Pfanne das Butterschmalz zerlassen und die einzelnen gut abgetropften Rippchen darin von allen Seiten scharf anbraten. Die Temperatur reduzieren und die Rippchen weitere 4 Minuten unter Wenden fertig garen.

6 Das Kohlgemüse noch einmal abschmecken, in einem Bräter verteilen, die Rippchen darauf anrichten und mit Kräuterblättern garniert servieren.

Köthener Schusterpfanne

ZUTATEN FÜR 4 PERSONEN

1 kg festkochende Kartoffeln

400 g Kochbirnen

600 g magerer Schweinebauch

Öl (zum Einfetten des Bräters)

Salz

frisch gemahlener Pfeffer

1 EL Kümmel

1 EL frisch gehackter Beifuß

Fleischbrühe

2 EL Butter

ZUBEREITUNGSZEIT: 30 MINUTEN
GARZEIT: 50 MINUTEN

1 Den Backofen auf 200 °C (Ober- und Unterhitze) vorheizen.

2 Die Kartoffeln sowie die Birnen schälen und waschen. Die Kartoffeln in Scheiben schneiden, die Birnen vierteln, entkernen und in mundgerechte Stücke schneiden.

3 Den Schweinebauch in etwa 1,5 cm große Würfel schneiden.

4 In einen gefetteten Bräter die Hälfte der Kartoffeln dachziegelartig schichten, die Hälfte des Schweinebauchs darübergeben, mit Salz und Pfeffer würzen. Darauf die Birnen verteilen. Den restlichen Schweinebauch darüberschichten und mit Salz, Pfeffer, Kümmel und Beifuß würzen. Zum Schluss die restlichen Kartoffeln einschichten, mit Salz und Pfeffer bestreuen und so viel Brühe angießen, dass alles knapp bedeckt ist. Zugedeckt 20–30 Minuten bei mittlerer Hitze dünsten.

5 Den Bräter offen in den vorgeheizten Ofen schieben und die Kartoffel-Birnen-Pfanne in etwa 20 Minuten goldbraun backen.

6 In einem kleinen Topf die Butter zerlassen. Die Kartoffel-Birnen-Pfanne kurz vor dem Backende mit der zerlassenen Butter bepinseln und sofort servieren.

Schweinebäckchen
auf Salat

1 Die Schweinebäckchen unter fließendem kaltem Wasser waschen und trocken tupfen.

2 Die Zwiebel und die Karotte schälen, beides grob würfeln. In einem Topf etwa 1,5 Liter Wasser zusammen mit den Gewürzen aufkochen lassen. Die Bäckchen in den Sud geben und 1 ½ Stunden knapp unter dem Siedepunkt weich garen lassen. Anschließend das Fleisch aus dem Sud nehmen und auskühlen lassen.

3 Für den Salat die Kartoffeln in dünne Scheiben schneiden. Die Gurke waschen und ebenfalls in dünne Scheiben schneiden oder hobeln. Den Salat putzen, klein zupfen, waschen und abtropfen lassen. Die Radieschen waschen, putzen und in Stifte schneiden. Die Zwiebel schälen und in feine Ringe schneiden.

4 Den Meerrettich mit dem Apfelmus verrühren. Für das Dressing den Essig mit dem Öl verrühren, anschließend mit Zucker, Salz und Pfeffer abschmecken.

5 Das Mehl mit dem Weißwein, den Eiern sowie einer Prise Salz glatt verrühren und etwa 10 Minuten quellen lassen. Es sollte dabei ein zähflüssiger Teig entstehen.

6 Die Bäckchen in mundgerechte Würfel schneiden und im Mehl wenden. Danach portionsweise durch den Teig ziehen und in einem hohen Topf in ausreichend heißem Fett 2–3 Minuten goldbraun frittieren. Auf Küchenkrepp abtropfen lassen.

7 Alle Salatzutaten auf Tellern anrichten. Jeweils etwas von dem Apfel-Meerrettich darauf verteilen und mit dem Dressing beträufeln. Die Bäckchen daraufsetzen und heiß servieren.

ZUTATEN FÜR 4–6 PERSONEN

600 g Schweinebäckchen · 1 Zwiebel

1 Karotte · 1 TL Wacholderbeeren

1 TL Pfefferkörner · 1 Lorbeerblatt

200 g neue Kartoffeln, gekocht (vom Vortag)

1 Gurke · 200 g Blattsalat (z. B. Eichblatt, Radicchio)

4 Radieschen · 1 weiße Zwiebel

1 EL Meerrettich · 3 EL Apfelmus

4 EL Apfelessig · 6 EL Sonnenblumenöl

1 Prise Zucker · Salz · frisch gemahlener Pfeffer

150 g Mehl · 200 ml trockener Weißwein · 2 Eier

Mehl (zum Wenden) · Fett (zum Ausbacken)

ZUBEREITUNGSZEIT: 1 STUNDE
GARZEIT: 1 STUNDE 45 MINUTEN

Gegrillte Koteletts
mit Karotten und Dicken Bohnen

1 Den Backofen auf Grillfunktion (250–260 °C) vorheizen.

2 Den Sellerie putzen, waschen und in 3–4 cm lange Stifte schneiden. Die Karotten schälen, putzen und etwas Grün stehen lassen. Das Gemüse zusammen mit den Bohnen 2–3 Minuten in Salzwasser blanchieren, dann abschrecken und abtropfen lassen.

3 Die Koteletts unter fließendem kaltem Wasser waschen und trocken tupfen.

4 Die Hälfte der Kräuter mit 4–5 Esslöffeln Öl verrühren und damit die Koteletts bepinseln. Mit Salz und Pfeffer würzen und auf dem Grillrost auf jeder Seite 2–3 Minuten grillen.

5 In einer Pfanne 2 Esslöffel Öl erhitzen und darin das blanchierte Gemüse schwenken, die restlichen Kräuter zugeben und mit Zitronensaft, Salz und Pfeffer abschmecken. Mit dem zerbröckelten Käse bestreuen.

6 Das gegrillte Fleisch mit Kerbel garnieren und mit dem Gemüse servieren.

ZUTATEN FÜR 4 PERSONEN

2 Stangen Sellerie · 300 g Babykarotten

300 g Dicke Bohnen · Salz

8 Schweinekoteletts (à 150 g)

3–4 EL frisch gehackte Kräuter
(z. B. Basilikum, Dill, Kerbel)

Olivenöl · frisch gemahlener Pfeffer

Zitronensaft

60 g Ziegenkäse, zerbröckelt

1 EL frisch gehackter Kerbel (zum Garnieren)

ZUBEREITUNGSZEIT: 30 MINUTEN
GARZEIT: 10 MINUTEN

Aus dem Gehege –
Geflügel

Hähnchen

gefüllt mit Trauben und Rosinen

ZUTATEN FÜR 6 PERSONEN

150 g Rosinen

700 ml trockener Weißwein

400 g kernlose Trauben
(blau und weiß)

1 Zwiebel

1 Knolle Knoblauch

2 Zweige Rosmarin

4 EL Pflanzenöl

2 Hähnchen (à etwa 1,2 kg)

Salz

frisch gemahlener Pfeffer

6 Scheiben Speck

ZUBEREITUNGSZEIT: 40 MINUTEN
GARZEIT: 1 STUNDE 15 MINUTEN

1 Den Backofen auf 200 °C (Ober- und Unterhitze) vorheizen.

2 Die Rosinen in 150 ml Weißwein einlegen. Zwei Drittel der Trauben waschen, abtropfen lassen und halbieren. Die Zwiebel und 3 Knoblauchzehen schälen und fein würfeln. Den Rosmarin waschen, trocken schütteln und die Nadeln abzupfen.

3 In einer Pfanne 2 Esslöffel Öl erhitzen und darin den Knoblauch sowie die Zwiebel 1–2 Minuten anschwitzen. Die halbierten Trauben und die Rosinen mit dem Weißwein dazugeben. Kurz aufkochen lassen, dann den Topf vom Herd nehmen.

4 Die Hähnchen waschen und trocken tupfen. Das Fleisch innen sowie außen mit Salz, Pfeffer und dem Rosmarin würzen und mit der Trauben-Rosinen-Masse füllen. Die Hähnchen mit jeweils 3 Scheiben Speck umwickeln und mit Küchengarn zusammenbinden.

5 Das restliche Öl in einem Bräter erhitzen und die Hähnchen von allen Seiten goldbraun anbraten. Den restlichen Knoblauch schälen, halbieren und in den Bräter geben. Kurz Farbe nehmen lassen und alles mit dem restlichen Weißwein ablöschen. Im vorgeheizten Ofen etwa 1 Stunde garen lassen.

6 Die garen Hähnchen halbieren und mit den übrigen gewaschenen Trauben anrichten.

TIPP

Zu dem gefüllten Hähnchen können Sie sehr gut Naturreis reichen.

Backhähnchen

ZUTATEN FÜR 4 PERSONEN

2 junge Hähnchen (à etwa 1 kg)

3 Eier

Salz

frisch gemahlener Pfeffer

1 TL edelsüßes Paprikapulver

etwa 50 g Mehl

etwa 100 g Semmelbrösel

Öl (zum Frittieren)

ZUBEREITUNGSZEIT: 20 MINUTEN
FRITTIERZEIT: 15 MINUTEN

1 Die Hähnchen waschen und trocken tupfen. Das Fleisch in Schenkel, Flügel und Bruststücke zerteilen. Die Haut entfernen.

2 Die Eier, Salz, Pfeffer und Paprika gut miteinander verquirlen und in eine flache Schüssel füllen. Das Mehl und die Semmelbrösel genauso jeweils in eine Schüssel geben.

3 Die Hähnchenteile erst im Mehl, dann im Ei und schließlich in den Semmelbröseln wenden. Sie sollen komplett mit Panade bedeckt sein.

4 In einem Topf oder in einer Fritteuse in heißem Öl (etwa 170 °C) 12–15 Minuten goldbraun frittieren. Die Hähnchenteile herausnehmen und auf Küchenkrepp abtropfen lassen.

TIPP

Das Backhendl ist eine Spezialität aus Wien. Serviert werden dazu traditionell Zitronenspalten und grüner Salat oder Kartoffelsalat.
Nehmen Sie für dieses Gericht unbedingt junge Hähnchen, ansonsten wird das Fleisch beim Frittieren nicht gar. Ältere Hähnchen müssen vorgegart werden.

Hähnchenbrust
im Speckmantel

ZUTATEN FÜR 4 PERSONEN

4 Hähnchenbrustfilets
(à etwa 80 g)

150 g Champignons

1 Schalotte

Olivenöl

2 Zweige Rosmarin

2 Zweige Thymian

Salz

frisch gemahlener Pfeffer

16 Scheiben Rohschinken
(z. B. Parmaschinken)

2 rote Paprikaschoten

500 g neue Kartoffeln

4 Knoblauchzehen

ZUBEREITUNGSZEIT: 30 MINUTEN
GARZEIT: 25 MINUTEN

1 Den Ofen auf 200 °C (Ober- und Unterhitze) vorheizen.

2 Die Hähnchenbrustfilets waschen, trocken tupfen und seitlich eine Tasche einschneiden.

3 Die Champignons putzen und in feine Scheiben schneiden. Die Schalotte schälen und fein würfeln. In einer Pfanne 1 Esslöffel Olivenöl erhitzen und die Schalotte darin glasig anschwitzen. Die Champignons dazugeben und 1–2 Minuten mitschwitzen lassen. Bei Bedarf die Flüssigkeit verdampfen lassen.

4 Die Rosmarinnadeln und Thymianblättchen abzupfen, jeweils die Hälfte fein hacken. Die gehackten Kräuter zu den Pilzen geben, mit Salz und Pfeffer abschmecken und etwas abkühlen lassen. Die Pilze in die Hähnchenbrusttaschen füllen. Das Fleisch mit Pfeffer einreiben, mit jeweils mit 2 Scheiben Schinken umwickeln und mit Küchengarn zusammenbinden.

5 Die Paprikaschoten halbieren, die Samen und die Scheidewände entfernen, waschen und in Stücke schneiden. Die Kartoffeln waschen und in dünne Spalten schneiden. Die Knoblauchzehen andrücken.

6 Die Paprika, die Kartoffeln und den Knoblauch auf einem Backblech oder einer ofenfesten Form verteilen, mit Salz, Pfeffer, dem restlichen Rosmarin sowie dem Thymian bestreuen und das Ganze mit Olivenöl beträufeln. Die Hähnchenbrustfilets darauflegen und alles im Ofen etwa 20 Minuten garen. Das Gemüse und die Hähnchenbrustfilets dabei ab und zu wenden.

7 Das Küchengarn vom Fleisch entfernen und die Hähnchenbrustfilets mit dem Gemüse servieren.

Hähnchen-Speck-Pastete

mit Estragongelee

Für die Pastete:

750 g Mehl · 1 TL Salz

150 g Butter · 125 g Schweineschmalz

650 g geräucherter Schinken

300 g Hähnchenbrust

2 EL Brandy · Salz · frisch gemahlener Pfeffer

Mehl (für die Arbeitsfläche) · Butter (für die Form)

5 Eier, hart gekocht · 1 Ei, verquirlt

Für das Estragongelee:

5 Blatt weiße Gelatine · 300 ml Hühnerbrühe

2 EL frisch gehackte Estragonblättchen

ZUBEREITUNGSZEIT: 2 STUNDEN 30 MINUTEN
RUHEZEIT: 30 MINUTEN
KÜHLZEIT: 12 STUNDEN

1 Für den Teig das Mehl mit dem Salz in einer Rührschüssel mischen. Die Butter und das Schmalz in einer Kasserolle schmelzen, einmal aufkochen lassen. Dann das Fett zum Mehl geben und alles zu einem weichen, elastischen Teig verkneten. Zugedeckt in einer Schüssel etwa 30 Minuten an einem warmen Ort ruhen lassen.

2 Für die Füllung den Schinken würfeln. Die Hähnchenbrustfilets waschen, trocken tupfen und fein hacken. Beides in einer Schüssel mit dem Brandy vermengen und mit Salz und Pfeffer würzen.

3 Den Backofen auf 220 °C (Ober- und Unterhitze) vorheizen.

4 Ein Drittel vom Teig abnehmen und beiseitestellen. Den restlichen Teig auf leicht bemehlter Arbeitsfläche ausrollen. Die Form einfetten und Boden und Seiten der Form mit dem Teig auskleiden. Ein Drittel der Füllung darauf verteilen. Die Eier schälen und im Ganzen auf der Füllung verteilen. Die restliche Füllung in die Form geben und glatt streichen.

5 Das restliche Drittel des Teigs ausrollen. Die Teigränder der Pastete mit dem verquirltem Ei einstreichen, den ausgerollten Teig als Deckel aufsetzen und leicht andrücken. Überstehenden Teig abschneiden. In der Mitte des Teigs ein kleines Loch als „Kamin" ausschneiden. Einen passenden, gefetteten Teigausstecher in den Kamin legen.

6 Aus den Teigresten kleine Rauten oder Sterne zur Verzierung ausstechen. Die Teigoberfläche mit dem restlichen Ei einstreichen, die Verzierung auflegen und diese ebenfalls mit Ei einstreichen. Im Backofen 30 Minuten backen, dann die Hitze auf 175 °C reduzieren und für weitere 1 ¼ Stunden backen. Bräunt die Terrine zu stark, mit Alufolie abdecken.

7 Für das Gelee die Gelatine in kaltem Wasser einweichen, ausdrücken und mit 3–4 Esslöffeln Hühnerbrühe in einem kleinen Topf bei schwacher Hitze auflösen. Den Estragon und die restliche Hühnerbrühe einrühren.

8 Die Pastete aus dem Ofen nehmen und das Estragongelee langsam durch den Kamin gießen. Die Pastete auskühlen lassen und über Nacht in den Kühlschrank stellen.

Gratinierte Hähnchenbrust

1 Den Ofen auf 200 °C (Ober- und Unterhitze) vorheizen.

2 Die Hähnchenbrustfilets der Länge nach halbieren und mit Salz sowie Pfeffer bestreuen. In einer Pfanne 1 Esslöffel Butterschmalz erhitzen und die Hähnchenbrustfilets von allen Seiten scharf anbraten.

3 Den Schinken in kleine Würfel schneiden. Die Frühlingszwiebel waschen und putzen. Etwas Grün für die Garnitur in lange Streifen schneiden. Den Rest klein würfeln. Die Zwiebel schälen und ebenfalls in kleine Würfel schneiden. Die Zwiebel mit den Frühlingszwiebelwürfeln im restlichen Butterschmalz glasig dünsten.

4 Die Ananas abtropfen lassen und das Fruchtfleisch in kleine Stücke schneiden. Mit dem Schinken und den Zwiebeln mischen.

5 Je zwei Hähnchenbrusthälften nebeneinander in eine kleine (oder eine große) Auflaufform geben, die Schinkenmischung darüber verteilen und mit Käse belegen.

6 Die Hähnchenbrustfilets im Ofen etwa 20 Minuten überbacken. Mit Frühlingszwiebelstreifen garniert servieren.

ZUTATEN FÜR 4 PERSONEN

4 Hähnchenbrustfilets (à etwa 180 g)

Salz

frisch gemahlener Pfeffer

2 EL Butterschmalz

150 g Kochschinken, dünn geschnitten

1 Frühlingszwiebel

1 kleine Zwiebel

250 g Ananas (aus der Dose)

150 g Käse, in Scheiben (z. B. Gouda)

ZUBEREITUNGSZEIT: 25 MINUTEN
GARZEIT: 25 MINUTEN

Brathähnchen

mit Speck, Birnen und Kartoffeln

ZUTATEN FÜR 4 PERSONEN

400 g festkochende Kartoffeln

Salz

1 Brathähnchen, küchenfertig,
(etwa 1,4 kg)

150 g geräucherter Bauchspeck

2 Birnen

1 EL Salbeiblätter

Butter (für den Bräter)

frisch gemahlener Pfeffer

2 EL Olivenöl

ZUBEREITUNGSZEIT: 30 MINUTEN
GARZEIT: 55 MINUTEN

1 Den Backofen auf 200 °C (Ober- und Unterhitze) vorheizen.

2 Die Kartoffeln waschen und in kochendem Salzwasser 20 Minuten garen. Die Kartoffeln abgießen, ausdampfen lassen und schälen. Die großen vierteln, die kleinen ganz lassen.

3 Das Hähnchen waschen, trocken tupfen und in acht Teile zerlegen.

4 Den Speck in Streifen schneiden und in einer Pfanne ohne Zugabe von Fett auslassen. Die Kartoffeln dazugeben und beides anbraten, dann die Pfanne vom Herd nehmen.

5 Die Birnen waschen, vierteln, vom Kerngehäuse befreien und in schmale Spalten schneiden. Den Salbei waschen.

6 Die Birnen zusammen mit den Kartoffeln, dem Speck sowie den Salbeiblättern in einen gebutterten Bräter geben und die Hähnchenteile darauf legen. Mit Salz und Pfeffer bestreuen, mit dem Öl beträufeln und im vorgeheizten Ofen etwa 30 Minuten braten. Auf einer Platte anrichten und servieren.

Hähnchen in Rotwein

ZUTATEN FÜR 4 PERSONEN

150 g geräucherter Bauchspeck

8–10 Schalotten

1 Hähnchen, küchenfertig (etwa 1,2 kg)

1 EL Pflanzenöl

Salz · frisch gemahlener Pfeffer

1–2 EL Mehl

2 cl Weinbrand · ½ l Rotwein

etwa 125 ml Hühnerbrühe

2 Knoblauchzehen · 1 TL Pfefferkörner

1 Lorbeerblatt · 3–4 Zweige Thymian

1 Zweig Rosmarin · 200 g Champignons

1–2 EL Butter

Rosmarin (zum Garnieren)

ZUBEREITUNGSZEIT: 20 MINUTEN
GARZEIT: 1 STUNDE 15 MINUTEN

1 Den Speck würfeln. Die Schalotten schälen.

2 Das Hähnchen gründlich waschen, trocken tupfen und in acht Stücke zerteilen.

3 Das Öl in einem Bräter erhitzen und darin die Speckwürfel auslassen. Mit einem Schaumlöffel herausnehmen und auf Küchenkrepp abtropfen lassen. Im gleichen Fett die Hähnchenteile von allen Seiten braun anbraten. Mit Salz und Pfeffer würzen.

4 Die Schalotten kurz mitbraten und mit Mehl bestauben. Mit dem Weinbrand ablöschen. Den Rotwein und die Brühe angießen und nur zum Teil abgedeckt bei niedriger Hitze etwa 1 Stunde leise schmoren lassen. Dabei die Hähnchenteile gelegentlich wenden. Bei Bedarf noch etwas Brühe dazugießen.

5 Den Knoblauch schälen. Zusammen mit dem Pfeffer sowie dem Lorbeerblatt in ein Gewürzsäckchen geben und nach etwa 30 Minuten Garzeit in die Sauce im Bräter legen. Den Thymian und den Rosmarin darauf verteilen und das Hähnchen gar schmoren lassen.

6 Die Champignons putzen und je nach Größe ganz lassen oder halbieren. Die Butter in einer Pfanne erhitzen und die Pilze darin 1–2 Minuten braten.

7 Das Hähnchen aus dem Ofen nehmen, das Gewürzsäckchen und die Kräuter aus der Sauce entfernen und die Sauce mit Salz und Pfeffer abschmecken. Die Champignons sowie den Speck auf dem Hähnchen verteilen. Das Hähnchen mit etwas Gemüse und Sauce in Tassen oder Suppentellern anrichten und mit Rosmarin oder anderen Kräutern garniert servieren.

Bierhähnchen

1 Die Hähnchenschenkel waschen und trocken tupfen. Die Brustfilets jeweils halbieren.

2 Die Schalotten schälen und halbieren. Den Speck würfeln. Die Champignons putzen und halbieren.

3 Die Hähnchenteile mit Salz und Pfeffer einreiben. Das Öl in einem Topf oder Bräter erhitzen und die Hähnchenteile darin von allen Seiten anbraten. Wieder herausnehmen und in dem Topf den Speck mit den Schalotten kurz anschwitzen. Die Champignons zugeben, 1–2 Minuten mitbraten und mit etwas Bier ablöschen.

4 Die Hähnchenkeulen in den Topf dazulegen und alles zugedeckt bei niedriger Hitze etwa 15 Minuten leise schmoren lassen. Nach Bedarf ab und zu Bier angießen. Dann die Hähnchenbrustfilets mit in den Topf geben und zusammen weitere 15 Minuten gar schmoren lassen. Nach Bedarf noch etwas Wasser dazugießen.

5 Zum Schluss das Fett von der Sauce abschöpfen, nach Belieben mit Speisestärke binden und mit Salz sowie Pfeffer abschmecken. Mit Petersilie bestreut im Topf servieren.

ZUTATEN FÜR 4 PERSONEN

4 Hähnchenschenkel

4 Hähnchenbrustfilets, mit Haut

8 Schalotten

100 g geräucherter Bauchspeck

100 g Champignons

Salz · frisch gemahlener Pfeffer

2 EL Pflanzenöl

etwa 500 ml Dunkelbier

Speisestärke (zum Binden der Sauce)

1 EL frisch geschnittene Petersilie

ZUBEREITUNGSZEIT: 25 MINUTEN
GARZEIT: 45 MINUTEN

Gebratene Babypute

mit Speckscheiben

ZUTATEN FÜR 4–6 PERSONEN

1 Babypute, küchenfertig
(etwa 3 kg)

½ Hokkaidokürbis (etwa 400 g)

150 g Maronen,
geschält und vorgegart

1 Zwiebel

1 Stängel Salbei

Salz

frisch gemahlener Pfeffer

50 g Butter

6 Scheiben geräucherter
Bauchspeck

ZUBEREITUNGSZEIT: 30 MINUTEN
GARZEIT: 3 STUNDEN

1 Den Ofen auf 160 °C (Ober- und Unterhitze) vorheizen.

2 Die Pute außen und innen gründlich waschen und trocken tupfen.

3 Den Kürbis waschen, vierteln, die Kerne entfernen und klein würfeln. Die Maronen grob hacken. Die Zwiebel schälen und fein würfeln. Die Salbeiblätter abzupfen und mit dem Kürbis, den Maronen und der Zwiebel vermengen. Die Mischung mit Salz und Pfeffer würzen und in die Pute füllen. Mit Zahnstochern verschließen.

4 Die Butter in einem kleinen Topf schmelzen lassen, mit Salz und Pfeffer würzen. Die Pute überall damit bepinseln und in einen Bräter legen. Im Ofen die Pute auf der Brustseite etwa 3 Stunden braten lassen.

5 Nach Bedarf immer wieder etwas Wasser in den Bräter nachgießen. Die Pute gelegentlich mit der Butter bestreichen und mit Bratensaft übergießen.

6 Etwa 30 Minuten vor Ende der Garzeit die Pute auf die Rückenseite wenden und die Brust mit den Speckscheiben belegen. Bei Bedarf am Ende der Garzeit die Temperatur etwas erhöhen, damit die Haut bräunt. Die Pute ist gar, wenn Sie mit einer Gabel zwischen Schenkel und Brust stechen und und der austretende Fleischsaft klar bleibt.

7 Vor dem Servieren die Zahnstocher von der Pute entfernen und die Füllung herausnehmen. Die Pute servieren, die Füllung separat dazu reichen.

Putenfleisch
in Tomatensauce

ZUTATEN FÜR 4 PERSONEN

4 Putenkeulen · 1 Putenbrust

150 g Knollensellerie

2 Knoblauchzehen

6 Eiertomaten · 8 Schalotten

250 g Champignons

Salz · frisch gemahlener Pfeffer

100 ml Tomatensaft

etwa 150 ml Geflügelbrühe

2 Lorbeerblätter

abgeriebene Schale und Saft von
1 unbehandelten Zitrone

1 Zweig Rosmarin · 2–3 Stängel Thymian

ZUBEREITUNGSZEIT: 40 MINUTEN
GARZEIT: 2 STUNDEN 30 MINUTEN

1 Den Ofen auf 200 °C (Ober- und Unterhitze) vorheizen.

2 Die Geflügelteile waschen, trocken tupfen, in Portionen teilen und nebeneinander mit der Haut nach oben in einem Bräter 15 Minuten im Ofen braten.

3 Den Sellerie und den Knoblauch schälen. Den Sellerie klein würfeln und den Knoblauch fein hacken. Die Tomaten heiß überbrühen, abschrecken, enthäuten und den Stielansatz herausschneiden. Die Schalotten schälen und die Champignons putzen.

4 Den Backofen auf 160 °C zurückschalten.

5 Die Putenteile aus dem Bräter nehmen und rundherum mit Salz und Pfeffer würzen. Das ausgetretene Fett bis auf 2 Esslöffel in ein kleines Töpfchen abgießen und anderweitig verwenden (etwa zum Anbraten).

6 Den Sellerie und den Knoblauch in den Bräter geben und etwa 5 Minuten im Ofen braten. Die Tomaten, den Tomatensaft, die Brühe, die Lorbeerblätter und den Zitronenabrieb zum Gemüse geben. Mit Salz und Pfeffer würzen.

7 Die Putenstücke mit der Hautseite nach oben auf das Gemüsebett legen und etwa 1 ½ Stunden schmoren lassen. Gelegentlich mit Bratflüssigkeit übergießen und nach Bedarf Brühe zugeben.

8 Den Rosmarin und den Thymian in kleine Sträußchen zerpflücken und mit der Schalotte und den Champignons in den Bräter geben und weitere 30 Minuten gar schmoren lassen.

9 Den Bräter aus dem Ofen nehmen und die Sauce mit Salz, Pfeffer und Zitronensaft abschmecken.

Geflügelleberterrine

1 Die Leber waschen, trocken tupfen und von Sehnen sowie Häutchen befreien. Das Öl in einer heißen Pfanne erhitzen und die Leber darin von allen Seiten braun anbraten.

2 Die Temperatur reduzieren und die Lebern unter gelegentlichem Wenden fertig garen. Mit Salz und Pfeffer würzen, aus der Pfanne nehmen und abkühlen lassen.

3 Die Leber zusammen mit der Butter und dem Whisky in einer Küchenmaschine fein pürieren, dabei immer wieder pausieren, damit die Farce nicht zu warm wird. Erneut mit Salz und Pfeffer abschmecken.

4 Die Putenleberfarce in Portionsförmchen füllen und im Kühlschrank in etwa 3 Stunden fest werden lassen.

5 Die Gelatine in kaltem Wasser einweichen. Die Pistazien hacken und mit den Pfefferkörnern mischen. Den Fond erhitzen und die gut ausgedrückte Gelatine darin auflösen.

6 Die Pistazien-Pfeffer-Mischung auf den Putenleberterrinen verteilen und mit dem leicht abgekühlten Fond begießen. Erneut in etwa 1 Stunde fest werden lassen und anschließend servieren.

ZUTATEN FÜR 4 PERSONEN

800 g Putenleber

2 EL Pflanzenöl

Salz · frisch gemahlener Pfeffer

300 g kalte Butter

30 ml Whisky

8 Blatt weiße Gelatine

50 g geschälte Pistazien

2 EL rosa Pfefferkörner

400 ml Geflügelfond

ZUBEREITUNGSZEIT: 45 MINUTEN
KÜHLZEIT: 4 STUNDEN

Truthahnmedaillons

mit Spitzkohl und Pfifferlingen

ZUTATEN FÜR 4 PERSONEN

4 große Blätter Spitzkohl

Salz

2 Schalotten

200 g Pfifferlinge

4 Truthahnbrustmedaillons
(à etwa 160 g)

frisch gemahlener Pfeffer

4–5 EL Pflanzenöl

2 EL frisch gehackte Petersilie

etwa 150 ml Geflügelfond

ZUBEREITUNGSZEIT: 30 MINUTEN
GARZEIT: 30 MINUTEN

1 Den Kohl waschen, harte Blattrippen flach abschneiden und die Blätter in Salzwasser 3–4 Minuten blanchieren. Die Blätter in Salzwasser abschrecken und trocken tupfen.

2 Die Schalotten schälen und fein würfeln. Die Pfifferlinge putzen und je nach Größe ganz lassen oder halbieren.

3 Den Ofen auf 200 °C (Ober- und Unterhitze) vorheizen.

4 Das Truthahnfleisch waschen, trocken tupfen und mit Salz sowie Pfeffer würzen. In einer Pfanne 1–2 Esslöffel Öl erhitzen und das Fleisch darin kurz anbraten.

5 Die Truthahnmedaillons aus der Pfanne nehmen und auf die Spitzkohlblätter legen. Mit Petersilie bestreuen und die Medaillons einwickeln. Die Kohlpäckchen mit Zahnstochern fixieren. In einem Bräter 1–2 Esslöffel Öl erhitzen und die Truthahn-Kohl-Päckchen darin braun anbraten.

6 Die Päckchen aus dem Bräter herausnehmen und darin die Pfifferlinge im restlichen Öl zusammen mit den Schalottenwürfeln braun anschwitzen. Mit Salz und Pfeffer würzen. Mit etwas Fond ablöschen und die Truthahn-Kohl-Päckchen mit dazulegen. Die Päckchen im Ofen etwa 20 Minuten schmoren lassen, dabei gelegentlich wenden und nach Bedarf noch etwas Fond zufügen.

7 Die Zahnstocher vor dem Servieren wieder entfernen. Die Sauce nochmals mit Salz und Pfeffer abschmecken. Die Truthahn-Kohl-Päckchen mit den Pfifferlingen im Bräter servieren.

Cordon bleu
von der Pute

ZUTATEN FÜR 4 PERSONEN

Für die Cordons bleus:

4 Putenschnitzel (à 160–180 g)

Salz

frisch gemahlener Pfeffer

4 Scheiben Kochschinken

4 Scheiben Käse (z. B. Gouda)

2 Eier

Mehl (zum Panieren)

150 g Semmelbrösel

40 g Butterschmalz

Fett (für das Blech)

Für den Salat:

250 g Feldsalat

1 Zwiebel

150 g Frühstücksspeck

2 EL Olivenöl

2 EL Balsamicoessig

ZUBEREITUNGSZEIT: 30 MINUTEN
GARZEIT: 25 MINUTEN

1 Den Backofen auf 140 °C (Ober- und Unterhitze) vorheizen.

2 Die Putenschnitzel waschen, trocken tupfen und flach klopfen. Mit Salz und Pfeffer bestreuen. Mit je einer Scheibe Schinken und Käse belegen, zusammenklappen und mit einem Holzspieß zusammenstecken.

3 In einem tiefen Teller die Eier verquirlen. In einen anderen Teller etwas Mehl, in einen dritten die Semmelbrösel geben. Die Schnitzel zuerst in Mehl, dann in verquirltem Ei und zuletzt in Semmelbröseln wenden. Die Panade fest andrücken.

4 In einer Pfanne das Butterschmalz zerlassen und die Cordons bleus von beiden Seiten darin goldbraun anbraten. Herausnehmen, auf ein gefettetes Backblech legen und dann im vorgeheizten Ofen 10–15 Minuten fertig garen.

5 Den Feldsalat verlesen, putzen, waschen und trocken schleudern. Die Zwiebel schälen und fein würfeln. Den Speck in Streifen schneiden.

6 In einer Pfanne das Öl erhitzen und darin die Speckstreifen auslassen. Die Zwiebeln dazugeben und leicht anbraten. Mit dem Essig und etwas Pfeffer abschmecken, vom Herd ziehen und abkühlen lassen.

7 Die Speckmarinade unter den Salat mischen. Den Feldsalat in kleinen Schälchen anrichten und zusammen mit den Cordons bleus servieren.

Gebratene Gans

mit Äpfeln, Zwiebeln und Majoran

ZUTATEN FÜR 6–8 PERSONEN

1 Gans, küchenfertig (etwa 5 kg)

6 Äpfel

6 Zwiebeln

Salz

frisch gemahlener Pfeffer

2 EL abgezupfte Majoranblättchen

etwa 1 l Geflügelfond

ZUBEREITUNGSZEIT: 25 MINUTEN
GARZEIT: 2 STUNDEN 15 MINUTEN

1 Die Gans innen und außen gründlich waschen. Hals und Flügel abschneiden und die Gans für 4 Stunden in Eiswasser legen.

2 Die Äpfel und die Zwiebeln schälen und halbieren. Von den Äpfeln das Kerngehäuse entfernen. Jeweils die Hälfte der Zwiebeln und der Äpfel grob würfeln und mit Salz, Pfeffer sowie Majoran vermengen.

3 Den Ofen auf 160 °C (Ober- und Unterhitze) vorheizen.

4 Die Gans aus dem Wasser nehmen und gründlich trocken tupfen. Innen und außen mit Salz und Pfeffer einreiben und mit der gewürzten Apfel-Zwiebel-Mischung füllen.

5 Die Gans mit der Brust nach unten in einen Bratentopf legen, etwas Fond angießen und etwa 1 ½ Stunden im Backofen garen. Dabei gelegentlich mit Geflügelfond übergießen und nach Bedarf Fond zufügen.

6 Die Temperatur auf 200 °C erhöhen. Die Gans umdrehen (Brustseite nach oben) und weitere 30–45 Minuten braten. Die restlichen Äpfel und Zwiebeln in den Bräter geben und mitbraten.

7 Nach Ende der Garzeit die Gans aus dem Bräter nehmen. Das Fett vom Bratenfond abschöpfen. Den Fond mit Salz und Pfeffer abschmecken. Die Füllung aus der Gans nehmen und die gebratene Gans mit den Apfel- und Zwiebelhälften sowie dem Bratenfond anrichten.

Pommersche Gänsekeulen

mit Dörrpflaumen

ZUTATEN FÜR 4 PERSONEN

4 Gänsekeulen

1 Zwiebel · 2 Karotten

250 g Knollensellerie · 1 Apfel

2 EL Pflanzenöl

1 EL Tomatenmark

200 ml trockener Rotwein

etwa 400 ml Geflügelbrühe

2 EL zerlassene Butter

Salz · frisch gemahlener Pfeffer

2 Lorbeerblätter

150 g Dörrpflaumen

4 cl Cognac

ZUBEREITUNGSZEIT: 25 MINUTEN
GARZEIT: 2 STUNDEN 30 MINUTEN

1 Den Ofen auf 160 °C (Ober- und Unterhitze) vorheizen.

2 Die Gänsekeulen waschen und trocken tupfen.

3 Die Zwiebel, die Karotten, den Sellerie sowie den Apfel schälen und klein würfeln. In einem Bräter das Öl erhitzen und darin die Würfel 2–3 Minuten anbraten. Das Tomatenmark einrühren, kurz mitbraten und alles mit dem Rotwein ablöschen.

4 Etwas Geflügelbrühe zum Gemüse gießen und die Gänsekeulen mit der Hautseite nach oben darauflegen. Die Keulen mit der zerlassenen Butter bepinseln, dann mit Salz und Pfeffer bestreuen. Die Lorbeerblätter in den Bratenfond geben.

5 Die Gänsekeulen im heißen Ofen 2–2 ½ Stunden langsam schmoren lassen. Die Keulen dabei immer wieder mit Bratenfond übergießen und gelegentlich nach Bedarf die restliche Brühe angießen.

6 In einem kleinen Topf 100 ml Wasser aufkochen und die Dörrpflaumen hineingeben. Den Topf vom Herd nehmen, den Cognac einrühren und die Pflaumen etwa 15 Minuten ziehen lassen.

7 Nach Ende der Garzeit die Keulen aus dem Bräter nehmen. Das Fett von der Sauce abschöpfen und diese nach Belieben durch ein Sieb passieren. Die Pflaumen dazugeben und mit Salz und Pfeffer abschmecken. Die Putenkeulen wieder in die Sauce geben und servieren.

Gänseleberpastete
mit Pflaumen

1 Die Lebern sorgfältig putzen und alle Adern entfernen. Die Lebern, das Schweinefleisch und den Speck in Streifen schneiden und in eine flache Schale legen.

2 Das Fleisch mit Ingwer, Piment, Pfeffer sowie 1 Esslöffel Thymian würzen und mit dem Portwein begießen. Die Schalotte schälen, mit dem Weißbrot klein würfeln und darüberstreuen. Die Sahne sowie das Eiweiß dazugießen und das Fleisch abgedeckt im Kühlschrank über Nacht ziehen lassen.

3 Die Pflaumen mit etwas heißem Wasser übergießen, etwa 20 Minuten quellen, anschließend gut abtropfen lassen. Die Pflaumen grob hacken, unter die Fleischmischung geben und alles zusammen durch die feinste Scheibe des Fleischwolfs drehen. Die Pastetenmasse über einem Eiswasserbad glänzend glatt rühren und mit Salz würzen.

4 Den Ofen auf 140 °C (Ober- und Unterhitze) vorheizen.

5 Die Speckscheiben mit dem restlichen Thymian bestreuen und damit eine Terrinenform so auslegen, dass der Speck über den Rand der Form ragt. Die Pastetenmasse gleichmäßig in die Form füllen. Die Oberfläche halbrund formen, glatt streichen und den Speck über die Masse schlagen.

6 Die Form mit einem Deckel verschließen oder mit einer doppelten Schicht Alufolie gut abdecken. Ein tiefes Backblech etwa 3 cm hoch mit 80 °C heißem Wasser füllen, die Form hineinstellen und die Pastete im Ofen etwa 50 Minuten garen.

7 Die fertige Pastete noch etwa 1 Tag an einem kühlen Ort ruhen lassen. Zum Servieren aus der Form stürzen und in Scheiben schneiden.

ZUTATEN FÜR 1 HALBRUNDE TERRINENFORM
(INHALT 1,2 LITER)

400 g Gänseleber · 200 g Schweineleber

300 g fettarmes Schweinefleisch

300 g frischer Speck (ohne Schwarte)

1 Msp. Ingwer, gemahlen

1 Msp. Piment, gemahlen

frisch gemahlener Pfeffer

2 EL frisch gehackter Thymian · 2 cl Portwein

1 Schalotte · 2 Scheiben Weißbrot, entrindet

50 ml Sahne · 1 Eiweiß

60 g getrocknete Pflaumen

Salz · etwa 400 g Bauchspeck (in Scheiben)

ZUBEREITUNGSZEIT: 1 STUNDE
RUHEZEIT 24 STUNDEN
GARZEIT: 50 MINUTEN

Gebratene Ententeile

mit Äpfeln, Zwiebeln und Kräutern

ZUTATEN FÜR 4–6 PERSONEN

1 Ente, küchenfertig (etwa 2,2 kg)

Salz

frisch gemahlener Pfeffer

6 Zweige Thymian

8 Stängel Basilikum

4 Äpfel

4 Zwiebeln

400 g Knollensellerie

2 Knoblauchzehen

etwa 250 ml trockener Weißwein

2 EL Honig

ZUBEREITUNGSZEIT: 25 MINUTEN
GARZEIT: 1 STUNDE 55 MINUTEN

1 Den Ofen auf 180 °C (Ober- und Unterhitze) vorheizen.

2 Die Ente waschen und trocken tupfen. Innen und außen mit Salz und Pfeffer einreiben, anschließend mit dem Thymian und der Hälfte vom Basilikum füllen.

3 Die Öffnung der Ente mit Zahnstochern verschließen. Die Ente mit der Brustseite nach unten in einen Bräter legen. Ein wenig Wasser angießen und das Fleisch im Ofen etwa 30 Minuten braten. Dabei ab und zu mit dem Bratenfond übergießen, nach Bedarf Wasser hinzufügen.

4 Die Äpfel schälen, vierteln, das Kerngehäuse entfernen und die Äpfel in Spalten schneiden. Die Zwiebeln, den Sellerie und den Knoblauch schälen. Die Zwiebeln in Spalten und den Sellerie in Würfel schneiden.

5 Die Ente drehen, sodass sie mit der Brustseite nach oben liegt. Von dem Bratenfond das Fett abschöpfen und ein wenig Weißwein angießen. Die Ente weitere 30 Minuten im Ofen garen. Dabei nach und nach den restlichen Wein dazugeben und die Ente immer wieder mit Bratenfond übergießen.

6 Dann wieder das Fett vom Bratenfond abschöpfen und die Äpfel, den Sellerie, die Zwiebeln und den Knoblauch im Bräter verteilen. Mit Salz und Pfeffer würzen und das Gemüse mit der Ente weitere 30–45 Minuten fertig garen.

7 Anschließend die Temperatur im Ofen auf 220 °C erhöhen und die Ente mit dem Honig bepinseln. Das restliche Basilikum über das Apfel-Gemüse streuen und die Haut der Ente 5–10 Minuten bräunen lassen.

8 Die Ente aus dem Bräter nehmen. Die Bratensauce sollte mittlerweile fast völlig reduziert sein. Falls nötig, die Sauce noch etwas einkochen lassen und entfetten, dann mit Salz und Pfeffer abschmecken.

9 Die Ente in Portionen zerlegen, wieder in die Reine legen und mit dem Gemüse in der Sauce servieren.

Entenkeule

mit Blaukraut und Knödel

ZUTATEN FÜR 4 PERSONEN

Für die Ente:

1 Karotte

100 g Knollensellerie

1 Zwiebel

1 Ente (etwa 2 kg)

1 Stängel Beifuß,
Blättchen abgezupft

Salz · frisch gemahlener Pfeffer

Für den Rotkohl:

1 kg Rotkohl

2 säuerliche Äpfel

50 g Butterschmalz

1 kleine Zwiebel

2 Nelken

125 ml Rotwein

2 EL Zucker · 2 EL Essig

Salz · frisch gemahlener Pfeffer

Für die Kartoffelklöße:

500 g kleine mehlig kochende
Kartoffeln

1 kg große mehlig kochende
Kartoffeln

Salz

1 Brötchen (vom Vortag),
in Würfel geschnitten und
in Butterschmalz geröstet

Petersilienblätter (zum Garnieren)

ZUBEREITUNGSZEIT:
1 STUNDE 15 MINUTEN
GARZEIT: 1 STUNDE 40 MINUTEN

1 Den Backofen auf 200 °C (Ober- und Unterhitze) vorheizen. Die Karotte, den Sellerie und die Zwiebel schälen und grob würfeln.

3 Die Ente innen und außen waschen und trocken tupfen. Den Beifuß mit etwas Salz und Pfeffer vermengen und die Ente innen und außen damit einreiben. Die Haut der Ente von allen Seiten mit einem Zahnstocher einstechen. Die Ente mit der Brustseite nach unten in einen Bräter legen.

4 Das Gemüse in den Bräter geben. Etwas Wasser angießen und die Ente mit dem Gemüse im Ofen etwa 45 Minuten braten. Dann das Geflügel wenden und weitere 45 Minuten braten, dabei immer wieder mit Bratenfond übergießen. Dann die Ente aus dem Bräter nehmen und auf dem Rost (Backblech daruntersetzen) im Ofen (Grillfunktion) noch etwa 10 Minuten goldbraun bräunen. Von der Bratensauce das Fett abschöpfen, die Sauce durch ein Sieb passieren und mit Salz und Pfeffer abschmecken.

5 Für den Rotkohl die äußeren Blätter vom Kohl entfernen, den Kohl halbieren, den Strunk herausschneiden und den Kohl mit dem Gemüsehobel in feine Streifen hobeln. Die Äpfel waschen, schälen, vierteln, die Kerngehäuse entfernen und die Äpfel in Stücke schneiden. Das Butterschmalz in einem Topf erhitzen, die Apfelstücke darin andünsten. Den Kohl zufügen. Die Zwiebel schälen, fein hacken und mit den Nelken zu den Apfelstücken geben. Mit 250 ml Wasser und dem Rotwein aufgießen. Zucker, Essig, Salz und Pfeffer dazugeben. Den Kohl zugedeckt 45 Minuten kochen.

6 Für die Klöße die kleinen Kartoffeln in Salzwasser etwa 30 Minuten weich garen. Die großen Kartoffeln schälen, waschen und fein reiben. Die Kartoffelmasse in einem Küchentuch über einer Schüssel auspressen. Die ausgetretene Flüssigkeit stehen lassen, bis sich die Stärke am Boden abgesetzt hat. Das Wasser abgießen. Die Stärke zur Kartoffelmasse geben.

7 Die Kartoffeln schälen, durch die Kartoffelpresse drücken und gut mit den rohen Kartoffeln vermengen. Mit Salz würzen. Die Masse darf nicht zu fest oder zu matschig sein. Mit angefeuchteten Händen runde Klöße formen und in die Mitte einige geröstete Brotwürfel drücken. Die Klöße in kochendes Salzwasser legen und bei niedriger Hitze 20–30 Minuten gar ziehen lassen.

8 Die Klöße mit einem Schaumlöffel herausnehmen und warm halten. Die Ente tranchieren und mit den Klößen, dem Rotkraut und der Sauce anrichten. Mit Petersilienblättern garniert servieren.

Geflügelterrine
mit Champignons

ZUTATEN FÜR 1 TERRINENFORM
(ETWA 1 LITER INHALT)

125 g durchwachsener Bauchspeck
(in Scheiben)

2 Hähnchenkeulen, gegart · 250 g Geflügelleber

1 TL Pflanzenöl · 50 g Champignons, geputzt

200 g grüner Speck
(unbehandelter Rückenspeck vom Schwein)

250 g mageres Kalbfleisch · 250 g Putenbrust

Salz · 1–2 TL Pastetengewürz (Fertigmischung;
mit weißem Pfeffer, Piment, Muskat,
Majoran, Lorbeer, Zimt usw.)

½ TL abgeriebene Schale von einer
unbehandelten Orange

1 Ei

50 ml Sahne · 1 TL Thymian · 2 EL Pistazien

ZUBEREITUNGSZEIT: 2 STUNDEN 20 MINUTEN

1 Die Terrinenform mit Frischhaltefolie auslegen und mit Speckscheiben auslegen. Dabei den Speck über den Rand der Form ragen lassen.

2 Die Hähnchenkeulen auslösen, dabei die Haut entfernen. Das Fleisch in grobe Stücke zerteilen. Die Geflügellebern putzen, waschen und trocken tupfen. Das Öl in einer Pfanne erhitzen und darin die Lebern kurz von allen Seiten anbraten, herausnehmen und abkühlen lassen. Dann die Champignons kurz bei hoher Hitze anbraten, dann abkühlen lassen.

3 Von dem grünen Speck 50 g in kleine Stücke schneiden und kurz im Tiefkühlfach anfrieren lassen. Das Kalbfleisch und die Putenbrust ebenfalls würfeln. Das Fleisch vermengen und mit Salz, Pastetengewürz und Orangenschale würzen.

4 Dann das Kalb- und Putenfleisch mit dem angefrorenen Speck durch die mittlere Scheibe des Fleischwolfs drehen. Ein Drittel der angebratenen Lebern ebenfalls durch den Fleischwolf drehen.

5 Die Kalb- und Putenfleischmasse mit der durchgedrehten Leber mischen. Das Ei, die Sahne und Thymian unterrühren, die Pistazien unterziehen und die Masse mit Salz und Pfeffer abschmecken. Den restlichen Speck in grobe Stücke schneiden.

6 Den Backofen auf 160 °C (Ober- und Unterhitze) vorheizen.

7 Etwa die Hälfte der Fleischmasse in die Terrinenform streichen. Die restlichen angebratenen Lebern, die Champignons, die Speckstücke und die Hähnchenfleischstücke darauf verteilen. Die restliche Fleischmasse daraufstreichen.

8 Die Speckscheiben über die Masse schlagen, sodass sie vollständig mit Speck umhüllt ist. Die Terrinenform in ein tiefes Backblech setzen, heißes Wasser angießen und im vorgeheizten Backofen auf mittlerer Schiene etwa 1 Stunde 20 Minuten garen.

9 Die Terrine aus dem Ofen nehmen und abkühlen lassen. Nach Belieben mit dunklem Brot und einem dunklen Früchtechutney reichen.

Geräucherte Entenbrust
auf Linsensalat

1 Den Knoblauch und die Zwiebel schälen. Den Knoblauch fein hacken und die Zwiebel in Streifen schneiden. Den Speck fein würfeln.

2 Das Öl in einer Pfanne erhitzen, darin den Knoblauch, die Zwiebel und den Speck glasig anschwitzen.

3 Die Linsen und die Lorbeerblätter dazugeben und alles mit etwas Brühe ablöschen. Die Linsen etwa 15 Minuten bei niedriger Hitze köcheln lassen. Nach und nach die restliche Brühe angießen, sodass am Ende die Flüssigkeit vollständig von den Linsen aufgenommen wurde. Die Linsen vom Herd nehmen und lauwarm abkühlen lassen.

4 Von einer Orange einige Zesten abziehen, dann 1 ½ Orangen gründlich schälen. Das Fruchtfleisch in dünne Scheiben schneiden und auf vier Teller verteilen. Die restliche Orangenhälfte auspressen.

5 Den Orangensaft, die Orangenzesten und den Essig unter die Linsen mengen. Die Petersilie waschen, trocken schütteln und fein hacken. Die Petersilie unter die Linsen mischen und alles mit Meersalz und Pfeffer abschmecken.

6 Die Linsen auf den Orangen anrichten. Die Entenbrust in Scheiben schneiden und mit dem Linsensalat servieren.

ZUTATEN FÜR 4 PERSONEN

2 Knoblauchzehen · 1 rote Zwiebel

100 g Räucherspeck

2 EL Olivenöl

100 g Puy-Linsen · 100 g rote Linsen

2 frische Lorbeerblätter

etwa 400 ml Geflügelbrühe

2 unbehandelte Orangen

3 EL Weinessig

3–4 Stängel Petersilie

Meersalz · Pfeffer, grob geschrotet

2 geräucherte Entenbrüste (à etwa 220 g)

ZUBEREITUNGSZEIT: 20 MINUTEN
GARZEIT: 20 MINUTEN

Aus dem Wald –
Wild

Gebratene Rebhühner
mit Brombeeren

ZUTATEN FÜR 4 PERSONEN

4 Rebhühner, küchenfertig
(à 400 g)

Salz

frisch gemahlener Pfeffer

500 g frische, reife Brombeeren

3 reife Äpfel (z. B. Boskop)

Butter (für den Bräter)

100 ml trockener Rotwein

ZUBEREITUNGSZEIT: 30 MINUTEN
GARZEIT: 30 MINUTEN

1 Den Backofen auf 180 °C (Ober- und Unterhitze) vorheizen.

2 Die Rebhühner waschen und trocken tupfen. Innen und außen mit Salz und Pfeffer einreiben.

3 Die Brombeeren putzen und, falls nötig, waschen. Die Äpfel waschen, vierteln, das Kerngehäuse entfernen und die Äpfel in Spalten schneiden.

4 Die Beeren mit den Apfelspalten mischen. Die Rebhühner damit füllen und mit der Brustseite nach oben in einen gebutterten Bräter legen.

5 Das restliche Obst um die Hühner verteilen, alles mit dem Rotwein begießen und im vorgeheizten Ofen 30 Minuten braten. Dabei gelegentlich mit dem Bratenfond beträufeln.

6 Die fertigen Rebhühner aus dem Bräter nehmen und zusammen mit den Brombeeren und Apfelspalten servieren.

Geschmorter Fasan

mit grünem Pfeffer

1 Den Kürbis waschen, halbieren, die Kerne entfernen und das Fruchtfleisch in kleine Würfel schneiden. Die Zwiebel und den Knoblauch schälen und fein hacken.

2 In einer Pfanne 2 Esslöffel Öl erhitzen, darin die Zwiebel mit dem Knoblauch glasig anschwitzen. Die Kürbiswürfel dazugeben, kurz mitbraten und alles mit dem Fond ablöschen. Mit Salz und Pfeffer würzen und bei mittlerer Hitze 15–20 Minuten köcheln lassen.

3 Den Backofen auf 200 °C (Ober- und Unterhitze) vorheizen.

4 Den Fasan waschen, trocken tupfen und in acht Teile zerlegen. Mit Salz und Pfeffer einreiben. In einem Bräter das restliche Öl erhitzen und darin die Fasanteile von allen Seiten braun anbraten.

5 Den Speck sowie den Thymian zum Fasan geben und mitbraten. Mit dem Wein ablöschen und das Fleisch im vorgeheizten Ofen 10–15 Minuten weitergaren.

6 Das Kürbisgemüse mitsamt dem Fond zu dem Fasan geben und alles weitere 15 Minuten garen.

7 Die fertig gegarten Fasanteile aus dem Bräter nehmen und kurz warm stellen. Das Gemüse und den Bratenfond noch einmal mit Salz, Pfeffer und Muskat abschmecken und zum Fasan reichen.

ZUTATEN FÜR 4 PERSONEN

300 g Kürbis (Hokkaido)

1 Zwiebel · 1 Knoblauchzehe

4 EL Pflanzenöl · 600 ml Wildfond

Salz · frisch gemahlener Pfeffer

1 Fasan, küchenfertig (etwa 1,4 kg)

6 Scheiben Frühstücksspeck

1 EL Thymianblättchen

200 ml trockener Weißwein · frisch geriebene Muskatnuss

ZUBEREITUNGSZEIT: 45 MINUTEN
GARZEIT: 40 MINUTEN

TIPP

Eine einfache und schnelle Beilage zu diesem Gericht sind Salzkartoffeln.

Fasan gefüllt mit Speck
und Backpflaumen

1 Den Fasan waschen, trocken tupfen und außen mit Salz und Pfeffer einreiben.

2 Für die Füllung die Bratwürste enthäuten, das Brät zerkleinern und mit Nelken, Zimt und Muskat würzen.

3 Von den Backpflaumen 6 Stück entsteinen, grob hacken und mit dem Zitronenabrieb gründlich unter die Brätfüllung mischen. Die Masse in den Fasan füllen, die Öffnung mit Küchengarn zunähen. Den Fasan mit den Speckscheiben belegen und mit Küchengarn zusammenbinden.

4 Die Zwiebeln schälen und in hauchdünne Ringe schneiden. In einem Bräter das Olivenöl erhitzen, darin die Zwiebeln mit den Lorbeerblättern kurz anschwitzen. Den Fasan hineinlegen und etwa 10 Minuten von allen Seiten goldgelb anbraten. Anschließend mit 250 ml Rotwein und Essig begießen. Die Temperatur reduzieren und den Fasan zugedeckt etwa 1 Stunde schmoren lassen.

5 Für die Sauce die Frühlingszwiebeln waschen und trocken tupfen. Die grünen Teile entfernen, die weißen Teile in feine Ringe schneiden. Die Karotten schälen und fein würfeln, die Sellerieherzen waschen, dann in dünne Scheiben schneiden. Das gesamte geschnittene Gemüse in reichlich Salzwasser 3–4 Minuten blanchieren, abgießen und beiseitestellen.

6 Die restlichen Backpflaumen entsteinen und würfeln.

7 Den fertigen Fasan aus dem Bräter nehmen und das Küchengarn entfernen. Den Bratfond mit Rotwein und Vin Santo aufgießen, mit Salz abschmecken und nochmals 5–10 Minuten erhitzen.

8 Die Hälfte der Sauce mit dem blanchierten Gemüse und den restlichen Backpflaumen vermischen. Den Fasan halbieren und auf einer Platte mit der Gemüse-Pflaumen-Sauce und einem Lorbeerzweig garniert servieren.

ZUTATEN FÜR 4 PERSONEN

1 Fasan, küchenfertig

Salz · frisch gemahlener Pfeffer

2 frische grobe Schweinsbratwürste

1 TL gemahlene Gewürznelken · Zimt

frisch geriebene Muskatnuss · 12 Backpflaumen

Abrieb von 1 unbehandelten Zitrone

200 g Speck (in Scheiben) · 2 Zwiebeln

4 EL Olivenöl · 6–8 frische Lorbeerblätter

375 ml trockener Rotwein · 1 EL Essig

3 Frühlingszwiebeln · 2 Karotten

4 Sellerieherzen (weißer Teil vom Staudensellerie)

1 Glas Vin Santo (oder anderer Dessertwein)

1 Lorbeerzweig (zum Garnieren)

ZUBEREITUNGSZEIT: 30 MINUTEN

GARZEIT: 1 STUNDE 10 MINUTEN

Weiße Zwiebelsuppe
mit Kaffee und Fasanenbrust

ZUTATEN FÜR 4 PERSONEN

Für die Suppe:

250 g Zwiebel

1 EL Butter

300 g Gemüsebrühe

100 ml trockener Weißwein

1 EL Kaffeebohnen

250 ml Sahne

Salz

weißer Pfeffer

Für die frittierten Zwiebeln:

100 g Stärkemehl

100 g Weizenmehl

1 Ei

1 Prise Backpulver

½ TL Instant-Kaffeepulver

Öl (zum Frittieren)

1 Zwiebel

Für die Fasanenbrust:

1 Fasanenbrust (etwa 200 g)

schwarzer Pfeffer

5–6 Scheiben durchwachsener Speck

1 EL Butterschmalz

120 ml Wildfond

Rosmarinspitzen (zum Garnieren)

ZUBEREITUNGSZEIT: 30 MINUTEN
GARZEIT: 30 MINUTEN

1 Für die Suppe die Zwiebeln schälen und hacken. Die Butter in einem Topf erhitzen, darin die Zwiebeln glasig anschwitzen. Mit Brühe und Wein ablöschen.

2 Die Kaffeebohnen in einen Teefilter geben, verschließen und in die Suppe hängen. Die Suppe bei niedriger Hitze 6–8 Minuten köcheln lassen, bis die Zwiebeln fast weich sind.

3 Die Sahne angießen und weitere 5 Minuten köcheln, bis die Zwiebeln ganz weich sind. Den Teefilter entfernen, die Suppe fein pürieren und mit Salz und Pfeffer abschmecken.

4 Für die frittierten Zwiebeln aus dem Stärkemehl, dem Weizenmehl, dem Ei, 270 ml kaltem Wasser, Backpulver, Kaffeepulver und einer Prise Salz einen Ausbackteig rühren. Das Öl in einem Topf oder einer Fritteuse erhitzen. Die Zwiebel schälen und in Ringe schneiden. Die Zwiebelringe trocken tupfen, durch den Teig ziehen, kurz abtropfen lassen und in heißem Öl goldgelb ausbacken. Zum Abtropfen auf Küchenkrepp legen.

5 Die Fasanenbrust waschen, trocken tupfen und mit Salz sowie Pfeffer einreiben. Das Fleisch mit dem Speck umwickeln. Das Butterschmalz in einem großen Topf erhitzen, darin die Fasanenbrust von allen Seiten anbraten. Den Fond angießen und die Fasanenbrust zugedeckt unter gelegentlichem Drehen etwa 8 Minuten schmoren.

6 Die Suppe mit einem Pürierstab vor dem Anrichten kurz aufschäumen. Die Fasanenbrust in Stücke schneiden und in die Suppe legen. Mit den frittierten Zwiebeln und Rosmarinspitzen garnieren.

Wildpastete

ZUTATEN FÜR 1 SPRINGFORM
(DURCHMESSER 22 CM)

500 g Blätterteig (TK)

4 Brötchen (vom Vortag)

150 g fetter Speck
(ohne Schwarte)

700 g Wildfleisch (z. B. Reh)

4 Eier

Salz

Piment, gemahlen

2 cl Gin

1 Zwiebel

1 EL Butter

Semmelbrösel

Butter (für die Form)

1 Eigelb

ZUBEREITUNGSZEIT: 45 MINUTEN
GARZEIT: 1 STUNDE 15 MINUTEN

1 Die Blätterteigplatten nebeneinander legen und auftauen lassen. Den Backofen auf 180 °C (Ober- und Unterhitze) vorheizen.

2 Die Brötchen in etwas lauwarmem Wasser einweichen. Den Speck und das Wildfleisch in grobe Würfel schneiden und durch den Fleischwolf drehen. Zwei Eier verquirlen und unter die Fleischmasse rühren. Mit Salz, etwas Piment und Gin würzen.

3 Die Zwiebel schälen und fein würfeln. Die Brötchen gut ausdrücken. Die Butter in einer Pfanne erhitzen, darin die Zwiebel glasig anschwitzen. Die Zwiebel auskühlen lassen und mit den Brötchen zu der Fleischmasse geben. Alles zu einem glatten Teig verarbeiten. So viel Semmelbrösel dazugeben, bis die Masse schön formbar ist. Die Form mit Butter bepinseln.

4 Zwei Drittel des Blätterteigs zu einem Kreis, etwas größer als die Form, ausrollen. Die Backform mit Rand damit auskleiden, überstehende Ränder abschneiden und nach Belieben Blätter zum Verzieren ausstechen. Den übrigen Teig zu einem kreisrunden Deckel ausrollen.

5 Die Fleischmasse in die Form geben, glatt streichen und den Teigdeckel darauflegen. Den Rand gut andrücken. Mit einer Gabel die Decke mehrmals einstechen, in der Mitte einen „Kamin" herausschneiden und mit Eigelb bestreichen. Die Decke mit den ausgestochenen Blättern verzieren und diese ebenfalls mit Eigelb bepinseln.

6 Die Pastete im Ofen etwa 1 Stunde und 15 Minuten goldbraun backen. Sollte der Teig zu dunkel werden, mit Alufolie abdecken.

7 Die Wildpastete aus dem Ofen nehmen, in der Form auskühlen lassen, dann herauslösen und servieren.

TIPP

Sollten Sie und Ihre Gäste nicht die ganze Pastete verzehren, stellen Sie sie schnellstmöglich in den Kühlschrank. Dann hält sie noch etwa drei Tage.

Rehkeule

mit Pfefferkirschen

ZUTATEN FÜR 4 PERSONEN

Für die Rehkeule:

1 Rehkeule, küchenfertig
(ohne Knochen, etwa 1,5 kg)

Salz

frisch gemahlener Pfeffer

20 g Butterschmalz

200 ml Wildfond

Für den Serviettenknödel:

6 Brötchen (vom Vortag)

etwa 350 ml lauwarme Milch

2 Eier, verquirlt

1 Schalotte

20 g Butter

2 EL frisch gehackte Petersilie

frisch geriebene Muskatnuss

Für die Sauce:

1 kleines Glas Schattenmorellen
(Abtropfgewicht etwa 200 g)

1 TL Abrieb von einer
unbehandelten Orange

1 EL Szechuanpfeffer, zerstoßen

150 ml trockener Rotwein

40 g kalte Butter

ZUBEREITUNGSZEIT: 45 MINUTEN
GARZEIT: 4 STUNDEN

1 Den Backofen auf 100 °C (Ober- und Unterhitze) vorheizen.

2 Das Fleisch waschen, trocken tupfen, mit Küchengarn in Form binden und mit Salz und Pfeffer einreiben. Das Butterschmalz in einem Bräter zerlassen, darin das Fleisch von allen Seiten scharf anbraten. Den Fond angießen und die Rehkeule im vorgeheizten Ofen 3 ½–4 Stunden garen.

3 Etwa 1 Stunde vor Ende der Garzeit mit der Zubereitung der Knödel beginnen. Dafür die Brötchen in kleine Würfel schneiden und die Hälfte davon in einer Pfanne ohne Zugabe von Fett anrösten. Die gerösteten Brotwürfel mit den restlichen Brotwürfeln in einer Schüssel mischen und mit der Milch sowie den verquirlten Eiern begießen.

4 Die Schalotte schälen und fein hacken. Die Butter in einer Pfanne erhitzen, die Schalotte darin glasig schwitzen. Die Petersilie untermischen, die Pfanne vom Herd nehmen und alles abkühlen lassen. Dann die Schalotte zu den Brötchenwürfeln geben. Alles zu einem Teig verkneten. Mit Salz, Pfeffer und Muskat abschmecken.

5 In einem großen Topf reichlich Wasser mit Salz zum Kochen bringen. Die Brötchenmasse zu einer Rolle formen und in die Mitte eines feuchten Küchentuchs geben. Die Rolle in das Tuch einschlagen und die Enden mit Küchengarn fest zubinden. Die Knödelrolle in das Wasser legen und etwa 30 Minuten bei niedriger Hitze gar ziehen lassen.

6 Für die Sauce die Kirschen abtropfen lassen und mit dem Orangenabrieb, dem zerstoßenen Szechuanpfeffer und dem Wein in einem Topf zum Kochen bringen. Bei mittlerer Hitze etwa 5 Minuten köcheln lassen.

7 Nach Ende der Garzeit das Reh aus dem Bräter nehmen, das Fleisch in Alufolie wickeln und ruhen lassen.

8 Die Schattenmorellen in den Bratenfond geben und etwa 8 Minuten leicht einköcheln lassen. Die kalte Butter einrühren und die Sauce mit Salz und Pfeffer abschmecken.

9 Den Serviettenknödel aus dem Küchentuch wickeln und in Scheiben schneiden. Die Rehkeule ebenfalls in Scheiben schneiden. Die Knödel- und Fleischscheiben anrichten. Die Kirschsauce separat dazu reichen.

Rehfilet mit Trüffel
und Pastinakenschaum

1 Die Karotten, den Sellerie und die Zwiebeln schälen und in Würfel schneiden. Die Knochen etwa 15 Minuten langsam in heißem Öl braun rösten. Karotten-, Sellerie- und Zwiebelwürfel dazugeben und weitere 10 Minuten rösten. Das Tomatenmark einrühren und ebenfalls mitrösten.

2 Alles mit etwas Wein ablöschen und die Flüssigkeit vollständig einkochen lassen. Diesen Vorgang noch zweimal wiederholen, bis der Wein aufgebraucht ist.

3 Den Fond angießen, aufkochen lassen und alles etwa 1 ½ Stunden bei niedriger Hitze köcheln lassen. Nach etwa 1 Stunde das Lorbeerblatt, die Wacholderbeeren, die Nelken und den Rosmarin dazugeben. Anschließend die Sauce durch ein feines Sieb passieren und wieder auf etwa 200 ml reduzieren. Mit Salz und Pfeffer abschmecken.

4 Für den Pastinakenschaum die Pastinaken schälen und klein schneiden. Die Schalotte schälen und fein würfeln. In einem Topf die Butter erhitzen, darin die Schalotten und die Pastinaken anschwitzen, dann mit der Brühe und der Sahne ablöschen. Die Sauce etwa 20 Minuten leise köcheln lassen. Anschließend die Sauce pürieren und durch ein feines Sieb passieren. Mit Salz und Zitronensaft abschmecken.

5 Den Backofen auf 100 °C (Ober- und Unterhitze) vorheizen. Das Fleisch waschen, trocken tupfen und mit Salz sowie Pfeffer würzen. Das Olivenöl in einer Pfanne erhitzen, darin das Fleisch von allen Seiten anbraten. Dann das Filet auf dem Rost im Ofen (darunter eine Fettpfanne stellen) etwa 30 Minuten rosa garen.

6 Den Rosenkohl putzen und in einzelne Blätter teilen. Die Blätter 1–2 Minuten in Salzwasser blanchieren, abtropfen lassen und in 1 Esslöffel heißer Butter schwenken. Mit Salz und Muskat abschmecken.

7 In die Pastinakensauce die restlichen 2 Esslöffel kalte Butter rühren und die Sauce schaumig aufmixen. Das Fleisch in Scheiben schneiden und auf dem Pastinakenschaum anrichten. Die Rotweinsauce und den Rosenkohl dazu geben. Nach Belieben Trüffel darüberhobeln und mit frittierten Kartoffelspaghetti garnieren.

ZUTATEN FÜR 4 PERSONEN

2 Karotten · 200 g Knollensellerie

2 Zwiebeln · 1 kg Rehknochen, gehackt

2 EL Pflanzenöl · 1 EL Tomatenmark

250 ml trockener Rotwein · etwa 500 ml Wildfond

1 Lorbeerblatt · 1 TL Wacholderbeeren · 2 Nelken

1 Zweig Rosmarin · Salz · frisch gemahlener Pfeffer

250 g Pastinaken · 1 Schalotte

4 EL Butter · 200 ml Gemüsebrühe

100 ml Sahne · Zitronensaft

750 g Rehrückenfilet, küchenfertig · 1 EL Olivenöl

400 g Rosenkohl

frisch geriebene Muskatnuss

1 Trüffel

ZUBEREITUNGSZEIT: 1 STUNDE
GARZEIT: 2 STUNDEN

Hirschkalbfilet

mit Steinpilzen

1 Das Hirschkalbfilet waschen, trocken tupfen und in acht etwa gleich große Medaillons schneiden.

2 Die Steinpilze putzen und in Scheiben schneiden. Die Schalotte schälen und fein hacken.

3 Die Hirschkalbmedaillons mit Salz und Pfeffer würzen, dann im Mehl wenden. In einer Pfanne 2 Esslöffel Öl erhitzen, darin die Medaillons von beiden Seiten braun anbraten. Das Fleisch aus der Pfanne nehmen und im restlichen Öl die Schalotte anschwitzen.

4 Die Steinpilze zu der Schalotte in die Pfanne geben, braun braten und anschließend mit dem Fond ablöschen. Die Flüssigkeit etwas reduzieren und die Sahne einrühren. Die Sauce leicht sämig einköcheln lassen. Mit Salz und Pfeffer abschmecken.

5 Die Hirschkalbmedaillons wieder in die Sauce legen. 4–5 Minuten nur noch gar ziehen lassen und mit Petersilie bestreut servieren.

ZUTATEN FÜR 4 PERSONEN

600 g Hirschkalbfilet

250 g Steinpilze

1 Schalotte

Salz

frisch gemahlener Pfeffer

2 EL Mehl

3–4 EL Pflanzenöl

150 ml Wildfond

100 ml Sahne

1 EL frisch gehackte Petersilie

ZUBEREITUNGSZEIT: 20 MINUTEN
GARZEIT: 20 MINUTEN

Hirschragout

ZUTATEN FÜR 2–3 GROSSE GLÄ-
SER

750 g–1 kg Hirschfleisch,
(Hals, Schulter)

2 Scheiben roher Bauchspeck

1 Zwiebel

2 EL Butterschmalz

Salz

frisch gemahlener Pfeffer

Mehl (zum Wenden)

1 Bund Wurzelgemüse
(1 Karotte, 1 Petersilienwurzel,
¼ Knolle Sellerie)

2–3 Zweige Thymian

2 Lorbeerblätter

1 TL Wacholderbeeren

1–2 Knoblauchzehen

1–2 EL eingekochte
Preiselbeeren

100–200 ml Rotwein

2–3 große Einweckgläser
(mit Gummiring, Deckel
und Halteklammer)

ZUBEREITUNGSZEIT: 30 MINUTEN
GARZEIT: 1 STUNDE 15 MINUTEN

1 Für das Hirschragout das Hirschfleisch in 2 cm große Würfel schneiden. Den Speck in feine Streifen schneiden. Die Zwiebel schälen und
fein hacken

2 In einem großen Schmortopf ½ Esslöffel Butterschmalz erhitzen, darin
den Speck anbräunen. Dann die Zwiebel dazugeben und mitschwitzen.

3 Das Fleisch mit Salz und Pfeffer würzen und in Mehl wenden. In den
Topf mit dem Speck geben und im restlichen heißen Butterschmalz von
allen Seiten gut anbraten.

4 Inzwischen das Wurzelgemüse putzen, schälen und in gleichmäßige
kleine Würfel schneiden. Das Gemüse zum Fleisch geben und kurz mitbraten lassen.

5 Die Thymianblätter von den Zweigen zupfen. Wenn das Fleisch gut an-
gebräunt ist, den Thymian, die Lorbeerblätter, die Wacholderbeeren, den
Knoblauch und die Preiselbeeren dazugeben.

6 Das Ganze mit dem Rotwein ablöschen. Bei Bedarf etwas Wasser angießen, sodass das Fleisch vollständig mit Flüssigkeit bedeckt ist. Das Ragout etwa 45 Minuten unter gelegentlichem Rühren fast gar schmoren lassen. Bei Bedarf etwas Wasser nachgießen.

7 Den Backofen auf 130 °C (Ober- und Unterhitze) vorheizen.

8 Ein tiefes Backblech 1 cm hoch mit warmem Wasser füllen und auf der
untersten Schiene in den Ofen stellen.

9 Die Weckgläser gut mit heißem Wasser auswaschen. Das Ragout in die
Weckgläser einfüllen, sofort verschließen und im Backofen 10 Minuten einkochen. Die Einkochzeit beginnt, wenn die Flüssigkeit in den Gläsern zu
„perlen" anfängt, sich also darin Bläschen bilden.

Hirschkeule
mit Rotweinsauce

1 Den Ofen auf 140 °C (Ober- und Unterhitze) vorheizen.

2 Den Sellerie, die Karotten und die Schalotten schälen. Den Sellerie würfeln. Die Karotten schräg in 3–4 cm lange Stücke und die Schalotten in Spalten schneiden.

3 Die Keule waschen, trocken tupfen, von Häuten und Sehnen befreien und mit Küchengarn in Form binden.

4 Die Wacholderbeeren im Mörser mit den Pfefferkörnern, dem Piment und etwas Salz zerstoßen, dann die Keule damit einreiben.

5 Das Öl in einem Bräter erhitzen, darin das Fleisch von allen Seiten anbraten. Den Sellerie, die Karotten und die Schalotten dazugeben und kurz mitbraten. Anschließend alles mit dem Rotwein und der Hälfte des Fonds ablöschen.

6 Die Rosmarinzweige dazugeben und den Braten im Ofen etwa 1 ½ Stunden schmoren lassen. Das Fleisch gelegentlich wenden und bei Bedarf etwas Fond nachgießen.

7 Das Fleisch aus dem Bräter nehmen und warm stellen. Die Rotweinsauce mit Salz und Pfeffer abschmecken. Die Hirschkeule wieder in den Bräter legen und das Fleisch mit dem Gemüse in der Sauce servieren.

ZUTATEN FÜR 4–6 PERSONEN

250 g Knollensellerie · 4 Karotten

6 Schalotten

1 Hirschkeule (ohne Knochen, etwa 1,5 kg)

4–5 Wacholderbeeren

½ TL Pfefferkörner · ½ TL Piment · Meersalz

2 EL Olivenöl · 200 ml Rotwein

etwa 250 ml Wildfond · 2–3 Zweige Rosmarin

ZUBEREITUNGSZEIT: 30 MINUTEN
GARZEIT: 1 STUNDE 45 MINUTEN

TIPP

Als Beilage dazu schmeckt Kürbis sehr gut. Sie können den geschälten und in Würfel geschnittenen Kürbis etwa 30 Minuten vor Ende der Garzeit zum Fleisch in den Bräter geben.

Hirschrouladen
in Rahmsauce

1 Die Rouladen waschen, trocken tupfen, nebeneinanderlegen und mit Salz sowie Pfeffer würzen. Das Fleisch mit
dem Senf bestreichen.

2 Die Zwiebel schälen. Die Essiggurken und die Zwiebel in
Streifen schneiden und auf die Fleischscheiben legen. Das
Fleisch von der kürzeren Seite her aufrollen, dabei die Enden
einschlagen. Mit jeweils zwei Speckscheiben umwickeln und
mit Rouladennadeln fixieren.

3 Das Öl in einem Schmortopf erhitzen, darin die Rouladen
von allen Seiten anbraten. Mit dem Fond ablöschen und die
Rouladen bei schwacher Hitze zugedeckt etwa 1 Stunde
schmoren lassen, dabei das Fleisch gelegentlich wenden.

4 Die Rouladen herausnehmen, die Nadeln entfernen und
das Fleisch mit Alufolie bedeckt ruhen lassen.

5 Die Sahne und die Pfefferkörner zur Sauce geben.
Die Sauce leicht sämig einköcheln lassen und mit Salz abschmecken. Nach Belieben die Sauce noch mit Speisestärke binden.

6 Die Rouladen wieder in die Sauce legen und mit Petersilie
bestreut servieren.

ZUTATEN FÜR 4 PERSONEN

4 Hirschrouladen
(à etwa 160 g, z. B. aus der Keule)

Salz · frisch gemahlener Pfeffer

1 EL Senf

1 Zwiebel

4 kleine Essiggurken

8 Scheiben durchwachsener Speck

2 EL Pflanzenöl

etwa 250 ml Wildfond · 100 ml Sahne

1 TL grüne Pfefferkörner, eingelegt

Speisestärke (zum Binden der Sauce)

1 EL frisch gehackte Petersilie

ZUBEREITUNGSZEIT: 30 MINUTEN
GARZEIT: 1 STUNDE 10 MINUTEN

Hirschgulasch

mit Preiselbeeren

ZUTATEN FÜR 4 PERSONEN

Für das Fleisch

1 kg Hirschschulter,
ausgelöst und pariert

2 Zwiebeln · 2 Karotten

60 g Stangensellerie

100 g durchwachsener Speck

2 EL Pflanzenöl

4 Wacholderbeeren

6 Pfefferkörner

1–2 Gewürznelken

1 Msp. Piment, gemahlen

1 TL Tomatenmark

125 ml Rotwein

etwa 500 ml Wildfond

1 Lorbeerblatt · 4 Zweige Thymian

Für die Klößchen:

1 Schalotte · 1 EL Butter

250 g Brötchen (vom Vortag)

125 ml lauwarme Milch · 1 Ei

1 EL frisch gehackte Petersilie

Semmelbrösel (nach Bedarf)

Salz · frisch geriebene Muskatnuss

frisch gemahlener Pfeffer

100 g Räucherspeck

2 EL Butterschmalz

150 ml Sahne · 2 EL Crème fraîche

Preiselbeeren (aus dem Glas)

Petersilie

ZUBEREITUNGSZEIT: 45 MINUTEN
GARZEIT: 2 STUNDEN 30 MINUTEN

1 Das Fleisch waschen, trocken tupfen und in Würfel schneiden. Die Zwiebeln schälen und grob würfeln. Die Karotten schälen und in etwa 1 cm große Würfel schneiden. Den Sellerie putzen und in 1 cm dicke Scheiben schneiden. Den Speck in Streifen schneiden.

2 Das Öl in einem großen Topf erhitzen. Die Wacholderbeeren, die Pfefferkörner, die Nelken und das Piment darin bei mittlerer Hitze anbraten, damit das Öl den Geschmack der Gewürze annimmt. Anschließend die Temperatur erhöhen, die Fleischwürfel dazugeben und von allen Seiten scharf anbraten.

3 Den Speck dazugeben, kurz mitbraten, dann das Fleisch und den Speck aus dem Topf nehmen. Nacheinander die Zwiebeln, die Karotten und den Sellerie in den Topf geben und anrösten.

4 Das Tomatenmark einrühren und kurz mitschwitzen. Alles mit der Hälfte des Rotweins ablöschen und vollständig einkochen lassen. Den restlichen Wein dazugießen und wieder komplett reduzieren lassen.

5 Den Wildfond dazugeben und das angebratene Fleisch zusammen mit dem Lorbeerblatt und dem Thymian in den Topf geben. Das Ragout zugedeckt bei niedriger Hitze etwa 1 ½–2 Stunden schmoren lassen. Bei Bedarf noch etwas Fond nachgießen.

6 Für die Klößchen die Schalotte schälen, fein würfeln und in heißer Butter glasig anschwitzen. Die Brötchen in Scheiben schneiden und mit Milch begießen. Das Ei, die Petersilie und die Schalotte dazugeben und alles gut vermengen. Die Masse 20 Minuten ziehen lassen, bei Bedarf Semmelbrösel dazugeben. Mit Salz, Muskat und Pfeffer abschmecken.

7 Aus der Masse runde Klößchen formen und diese im köchelnden Salzwasser etwa 10 Minuten gar ziehen lassen. Die Klößchen mit einem Schaumlöffel aus dem Wasser heben, abtropfen lassen und in Semmelbröseln wenden. Den Speck würfeln. Das Butterschmalz in einer Pfanne erhitzen, darin die Klößchen mit dem Speck etwa 2–3 Minuten goldbraun braten. Auf Küchenkrepp abtropfen lassen.

8 Die Fleischstücke aus dem Fond nehmen und beiseitestellen. Die Sauce durch ein Sieb in einen Topf passieren, die Sahne angießen und nach Bedarf noch ein wenig reduzieren lassen. Das Fleisch in die Sauce geben. Crème fraîche einrühren und mit Salz und Pfeffer abschmecken. Die Klößchen dazugeben und mit Preiselbeeren und Petersilie servieren.

Wildschweinkeule

mit Maisgrießtaler

ZUTATEN FÜR 4–6 PERSONEN

Für die Maisgrießtaler:

750 ml Gemüsebrühe

225 g Maisgrieß (Polenta)

30 g Butter

Salz

frisch gemahlener Pfeffer

frisch geriebene Muskatnuss

2 EL Olivenöl (für das Backblech)

Für die Keule:

1,5 kg Wildschweinkeule, küchenfertig (mit Knochen)

150 g blaue, kernlose Trauben

150 g Babykarotten

150 g kleine Schalotten

3 Knoblauchzehen

20 g Butterschmalz

2 Lorbeerblätter

5 Wacholderbeeren

1 Msp. Piment, gemahlen

1 Msp. Zimt

200 ml trockener Rotwein

400 ml Wildfond

200 g Maronen, gegart

30 g Butter

ZUBEREITUNGSZEIT: 45 MINUTEN
GARZEIT: 1 STUNDE 30 MINUTEN

1 Für die Maisgrießtaler die Gemüsebrühe in einem großen Topf zum Kochen bringen. Den Maisgrieß einrühren und bei schwacher Hitze etwa 20 Minuten quellen lassen.

2 Die Butter unter den Grieß rühren, mit Salz, Pfeffer und Muskat würzen. Anschließend 1 cm dick auf ein geöltes Backblech streichen und abkühlen lassen.

3 Das Wildschweinfleisch waschen, trocken tupfen und kräftig mit Salz und Pfeffer einreiben.

4 Die Trauben waschen und halbieren. Die Karotten, die Schalotten und den Knoblauch schälen. Den Knoblauch andrücken.

5 Den Backofen auf 160 °C (Umluft) vorheizen.

6 In einem Bräter das Butterschmalz erhitzen und die Keule von allen Seiten scharf anbraten. Die Karotten, die Schalotten, den Knoblauch sowie die Trauben dazugeben. Alles kurz mitschwitzen, dann die Lorbeerblätter, die Wacholderbeeren, Piment und Zimt hinzufügen und alles mit dem Wein ablöschen. Den Fond angießen.

7 Die Keule im Ofen etwa 1 ½ Stunde schmoren. Dabei immer wieder mit dem Bratenfond begießen.

8 Die Maronen grob hacken. Mithilfe eines runden Ausstechers (5 cm Durchmesser) Kreise aus der Maisgrießmasse stechen. Die Butter in einer Pfanne zerlassen und die Maisgrießtaler von allen Seiten goldbraun anbraten. Die Maronen zugeben und mitbraten.

9 Die fertige Keule mit der Sauce auf einer Platte anrichten. Die Maisgrießtaler mit den Maronen separat dazu reichen.

Wildschweinbraten

mit Maronenpüree

ZUTATEN FÜR 4–6 PERSONEN

1,5 kg Wildschweinkeule (Knochen ausgelöst)

1 TL Pfefferkörner · 5–6 Wacholderbeeren

1 Petersilienwurzel · 200 g Sellerie

2 Zwiebeln · 2 Karotten

1 junge Knoblauchknolle · 2 EL Öl · Salz

etwa 750 ml Wildfond

2–3 frische Lorbeerblätter · 4 Zweige Thymian

250 ml Milch · 1 Prise Zucker

500 g Maronen, vorgegart und geschält

100 g Sahne · 1 Prise Vanillezucker

Pfeffer · frisch geriebene Muskatnuss

1 EL Preiselbeeren

ZUBEREITUNGSZEIT: 30 MINUTEN
GARZEIT: 2 STUNDEN 50 MINUTEN

1 Den Backofen auf 220 °C (Ober- und Unterhitze) vorheizen.

2 Das Fleisch waschen und trocken tupfen. Die Pfefferkörner und die Wacholderbeeren in einem Mörser zerstoßen und das Fleisch damit einreiben.

3 Die Petersilienwurzel, den Sellerie, die Zwiebeln und die Karotten schälen, dann alles würfeln. Den Knoblauch ungeschält quer halbieren.

4 Einen Bräter mit Öl auspinseln. Petersilienwurzel, Sellerie, Zwiebel, Karotten und Knoblauch darin verteilen und das Fleisch darauflegen. Mit Salz bestreuen und im Ofen etwa 20 Minuten braten.

5 Etwas Fond angießen und das Fleisch bei 120 °C nochmals etwa 2 ½ Stunden gar schmoren lassen. Dabei das Fleisch gelegentlich wenden und bei Bedarf den restlichen Fond angießen. Etwa 30 Minuten vor dem Ende der Garzeit die Lorbeerblätter und den Thymian dazugeben.

6 Für das Maronenpüree die Milch mit dem Zucker zum Kochen bringen und darin die Maronen bei schwacher Hitze 10 Minuten zugedeckt weich kochen. Die Sahne mit 1 Prise Vanillezucker steif schlagen.

7 Die Maronen mit der Milch mit einem Pürierstab fein pürieren. Ist die Masse noch zu fest, etwas Milch nachgießen. Anschließend die Sahne unterheben und das Püree mit Salz, Pfeffer und Muskat abschmecken.

8 Nach Ende der Garzeit das Fleisch kurz aus dem Bräter nehmen. Die Preiselbeeren unter die Sauce rühren und die Sauce mit Salz und Pfeffer abschmecken.

9 Das Fleisch wieder in den Bräter geben und die Wildschweinkeule mit dem Gemüse in der Sauce servieren. Das Maronenpüree separat dazu reichen.

Wildschweinragout
mit Dampfnudeln

1 Die Kartoffeln schälen, waschen und in kochendem Salzwasser 25–30 Minuten garen. Die Kartoffeln abgießen, ausdampfen lassen, durch eine Kartoffelpresse drücken und auskühlen lassen.

2 Das Wildschweinfleisch waschen, trocken tupfen und in mundgerechte Stücke schneiden.

3 Die Schalotten schälen und fein würfeln. Den Speck in Streifen schneiden. Die Steckrüben schälen und in 1 cm große Würfel schneiden.

4 In einer Pfanne den Speck ohne Fett auslassen, das Fleisch dazugeben und von allen Seiten scharf anbraten.

5 Anschließend die Schalotten, Rosmarin, Thymian, Lorbeerblätter und Wacholderbeeren dazugeben. Das Tomatenmark einrühren, kurz Farbe nehmen lassen und alles mit dem Rotwein ablöschen.

6 Den Fond angießen, mit Salz und Pfeffer würzen und das Fleisch bei mittlerer Hitze 1–1 ½ Stunden schmoren lassen.

7 Für die Dampfnudeln das Mehl mit einer Prise Salz und den durchgepressten Kartoffeln in einer Schüssel mischen. In die Mitte eine Mulde drücken, die Hefe hineinbröckeln und 150 ml Milch und den Zucker dazugeben. Alles zu einem glatten Teig verkneten. Zugedeckt an einem warmen Ort 45 Minuten gehen lassen.

8 Aus dem Teig kleine Bällchen formen, diese in einen gefetteten Topf dicht nebeneinandersetzen. Die Dampfnudeln mit der restlichen Milch begießen und zugedeckt bei mittlerer Hitze 30 Minuten garen.

9 In das Ragout 20 Minuten vor Ende der Garzeit die Steckrübenwürfel und das Johannisbeergelee untermischen. Abschließend das Ragout noch einmal mit Salz und Pfeffer abschmecken und mit den Dampfnudeln angerichtet servieren.

ZUTATEN FÜR 4 PERSONEN

150 g Kartoffeln · Salz

800 g Wildschwein (Schulter) · 300 g Schalotten

150 g geräucherter Bauchspeck (in Scheiben)

300 g Steckrüben · 1 EL Rosmarinnadeln

2 Stängel Thymian · 2 Lorbeerblätter

5 Wacholderbeeren · 1 TL Tomatenmark

200 ml trockener Rotwein · 350 ml Wildfond

frisch gemahlener Pfeffer

300 g Mehl · ½ Würfel frische Hefe, 21 g

300 ml lauwarme Milch · 1 EL Zucker

Fett (für die Form) · 2 EL Johannisbeergelee

ZUBEREITUNGSZEIT: 1 STUNDE
RUHEZEIT: 45 MINUTEN
GARZEIT: 1 STUNDE 30 MINUTEN

Hasenpfeffer

ZUTATEN FÜR 4 PERSONEN

1 Hase, küchenfertig zerteilt

1 TL Wacholderbeeren

1 TL Pfefferkörner

Salz

2 Karotten

2 Zwiebeln

200 g Knollensellerie

2 EL Pflanzenöl

3 Zweige Thymian

1 Lorbeerblatt

250 ml Rotwein

etwa 200 ml Wildfond

125 ml Hasenblut
(beim Metzger nachfragen)

2 EL saure Sahne

frisch gemahlener Pfeffer

1 EL frisch gehackte Petersilie

ZUBEREITUNGSZEIT: 45 MINUTEN
GARZEIT: 1 STUNDE 45 MINUTEN

1 Den Ofen auf 180 °C (Umluft) vorheizen.

2 Die Hasenteile waschen und trocken tupfen. Die Wacholderbeeren und die Pfefferkörner im Mörser zerstoßen. Mit 1 Teelöffel Salz vermengen und die Hasenteile damit einreiben.

3 Die Karotten, die Zwiebeln und den Sellerie schälen, grob würfeln und in Scheiben schneiden.

4 Das Öl in einem Bräter erhitzen, darin die Hasenteile anbraten. Karotten, Zwiebeln und Sellerie dazugeben und mitbraten. Den Thymian und das Lorbeerblatt dazugeben und alles mit dem Rotwein ablöschen. Etwas Fond angießen und das Fleisch zugedeckt im Ofen etwa 1 ½ Stunden schmoren lassen. Nach Bedarf ab und zu Fond angießen.

5 Den Bratenfond durch ein Sieb passieren und dabei Fleisch und Gemüse auffangen und beiseitestellen. Die Sauce nach Bedarf nochmals reduzieren lassen. Die Sauce vom Herd stellen und unter ständigem Rühren das Hasenblut und die saure Sahne einrühren. Die Sauce mit Salz und Pfeffer abschmecken.

6 Das Hasenfleisch und das Gemüse wieder einlegen. Mit Petersilie bestreuen und servieren.

TIPP

Zu diesem Gericht passen sehr gut Kartoffelknödel (siehe Rezept Seite 122).

Kaninchenrücken
mit Pfifferlingen

ZUTATEN FÜR 4 PERSONEN

1 Kaninchenrücken (etwa 1,6 kg)

Salz

frisch gemahlener Pfeffer

4 Schalotten

2 EL Pflanzenöl

300 ml Wildfond

400 g Pfifferlinge

1 Bund Petersilie

2 EL Butter

**ZUBEREITUNGSZEIT: 20 MINUTEN
GARZEIT: 1 STUNDE**

1 Den Backofen auf 180 °C (Ober- und Unterhitze) vorheizen.

2 Den Kaninchenrücken waschen, trocken tupfen und mit Salz und Pfeffer einreiben. Anschließend in einen Bräter legen.

3 Die Schalotten schälen und im Ganzen in den Bräter legen. Alles mit etwas Öl beträufeln und im Ofen 15–20 Minuten braten.

4 Anschließend den Fond angießen und bei 160 °C weitere 35–45 Minuten schmoren lassen. Dabei das Kaninchen immer wieder mit Bratenfond übergießen.

5 Die Pfifferlinge putzen. Die Petersilie waschen, trocken schütteln und die Blättchen von den Stielen zupfen. Anschließend fein hacken.

6 Kurz vor dem Servieren die Butter in einer Pfanne erhitzen, darin die Pfifferlinge 5–6 Minuten anbraten. Die Petersilie untermengen und die Pilze mit Salz und Pfeffer abschmecken.

7 Die Pilze zum Kaninchenrücken geben und beides servieren.

TIPP

Am besten verwenden Sie die jeweiligen Pilze der Saison: Morcheln und Champignons im Frühling, Pfifferlinge im Sommer, Steinpilze im Herbst und Egerlinge mit Speck im Winter.

Kaninchenfilet
im Karottenmantel mit Pilzen

1 Den Ofen auf 140 °C (Umluft) vorheizen.

2 Die Filets waschen, trocken tupfen und in vier oder acht etwa gleich große Stücke schneiden.

3 Die Karotten schälen, putzen und mit einem Spiralschneider zu langen Fäden schneiden. Die Pilze putzen und je nach Größe ganz lassen oder klein schneiden. Die Schalotte und Knoblauch schälen und beides würfeln.

4 Die Filets mit Salz und Pfeffer würzen. Rundherum in 2 Esslöffeln heißem Öl kurz anbraten und wieder aus der Pfanne nehmen. Jeweils mit den Karotten umwickeln und auf ein geöltes Backblech legen. Mit Öl bepinseln und mit Salz und Pfeffer würzen. Im Ofen etwa 15 Minuten garen lassen.

5 Die Schalotte und Knoblauch mit 1 Esslöffel Öl im Bratensatz goldbraun braten und mit Mehl bestauben. Mit dem Fond ablöschen, den Thymian zugeben und etwa 10 Minuten köcheln lassen. Ab und zu rühren und die leicht sämige Sauce durch ein Sieb gießen.

6 Die Petersilienwurzel schälen und sehr klein würfeln. Zusammen mit den Pilzen und dem Pfeffer in 1 Esslöffel Öl anschwitzen, die Sauce angießen und etwa 5 Minuten köcheln lassen. Mit Salz und Pfeffer abschmecken.

7 Das Kaninchen mit der Sauce anrichten. Dazu nach Belieben Klöße reichen.

ZUTATEN FÜR 4 PERSONEN

750 g Kaninchenfilets

4–6 Karotten

150 g Pilze (z. B. Kräuterseitlinge)

1 Schalotte · 1 Knoblauchzehe

Salz · frisch gemahlener Pfeffer

Olivenöl · 1 EL Mehl · etwa 250 ml Wildfond

4 Zweige Thymian · 1 Petersilienwurzel

1 TL grüner Pfeffer

ZUBEREITUNGSZEIT: 45 MINUTEN
GARZEIT: 25 MINUTEN

TIPP

Als Beilage passen zu diesem Gericht sehr gut Kartoffelknödel. Sie nehmen die Sauce wunderbar auf.

Kaninchenragout
unter der Blätterteighaube

1 Das Kaninchenfleisch von Haut und Sehnen befreien und in 1–2 cm große Stücke schneiden.

2 Den Lauch, den Sellerie und die Karotten putzen, waschen, gegebenenfalls schälen und alles in 5–10 mm große Stücke schneiden.

3 Den Ofen auf 170 °C (Ober- und Unterhitze) vorheizen.

4 In einem Schmortopf die Butter erhitzen, darin das Kaninchenfleisch 4–5 Minuten anbraten. Lauch, Sellerie und Karotten dazugeben und etwa 2 Minuten mitbraten.

5 Das Ragout mit Mehl bestauben. Anschließend den Wein, den Wildfond, die Sahne, den Orangensaft und die Crème fraîche einrühren. Mit Rosmarin, Salz und Pfeffer würzen und zugedeckt im Ofen etwa 1 Stunde schmoren.

6 Die Haut von den Bratwürsten entfernen und aus dem Brät 2–3 cm große Bällchen formen. Das Öl in einer Pfanne erhitzen, darin die Brätbällchen 2 Minuten kräftig anbraten. Die Bällchen unter das fertig geschmorte Ragout mischen und nochmals mit Salz und Pfeffer abschmecken.

7 Das Kaninchenragout in ofenfeste Förmchen füllen. Die Ofentemperatur auf 200 °C erhöhen.

8 Den Blätterteig auf die Größe der Förmchen zuschneiden. Das Eigelb mit der Milch verquirlen und den Rand der Förmchen damit bestreichen. Den Blätterteig als Deckel darauflegen, gut andrücken und ebenfalls mit Eiermilch bestreichen. Die Oberfläche einritzen.

9 Das Ragout in den Förmchen im vorgeheizten Ofen 30–35 Minuten goldgelb backen. Nach Belieben mit Orangenschale bestreut servieren.

ZUTATEN FÜR 4 PERSONEN

1 kg Kaninchenkeule (ohne Knochen)

250 g Lauch · 2 Stangen Sellerie

150 g Karotten

2 EL Butter · 2 EL Mehl

220 ml trockener Weißwein · 250 ml Wildfond

250 g Sahne (mindestens 30 % Fett)

Saft und Abrieb von 1 unbehandelten Orange

75 g Crème fraîche

1–2 EL gehackter Rosmarin

Salz · frisch gemahlener Pfeffer

250 g rohe geräucherte Bratwürste

1 EL Olivenöl · 300 g Blätterteig (TK)

1 Eigelb · 3 EL Milch

ZUBEREITUNGSZEIT: 30 MINUTEN
GARZEIT: 1 STUNDE 40 MINUTEN

Kaninchen
in Sauerampfersauce

ZUTATEN FÜR 4 PERSONEN

1 Kaninchen, küchenfertig
(etwa 1,2 kg)

4 rote Zwiebeln

2 Knoblauchzehen

3 Schalotten

Salz

frisch gemahlener Pfeffer

1–2 EL Mehl

3 EL Olivenöl

250 ml trockener Weißwein

etwa 250 ml Kalbsfond

800 g festkochende Kartoffeln

2 EL Butter

2 EL frisch gehackte Petersilie

150 ml Sahne

1 Handvoll Sauerampfer

ZUBEREITUNGSZEIT: 35 MINUTEN
GARZEIT: 1 STUNDE

1 Den Ofen auf 160 °C (Umluft) vorheizen.

2 Das Kaninchen waschen, trocken tupfen und in acht Teile teilen.

3 Die Zwiebeln, den Knoblauch und die Schalotten schälen. Anschließend die Schalotten vierteln.

4 Die Kaninchenteile mit Salz und Pfeffer einreiben und mit Mehl bestauben. In einem Bräter 2 Esslöffel Öl erhitzen und das Fleisch von allen Seiten braun anbraten, dann wieder herausnehmen.

5 Im restlichen Öl die Zwiebeln und die Schalotten anschwitzen, den Knoblauch dazugeben und kurz mitbraten. Anschließend alles mit dem Wein ablöschen.

6 Etwas Fond angießen und die Kaninchenteile wieder in den Bräter hineinlegen. Das Fleisch im Ofen etwa 45 Minuten schmoren lassen. Das Kaninchen gelegentlich wenden und nach Bedarf weiteren Fond angießen.

7 Die Kartoffeln schälen und in Salzwasser etwa 30 Minuten gar kochen. Kurz vor dem Servieren in einer Pfanne mit heißer Butter und 2 Esslöffeln Petersilie schwenken.

8 Das Fleisch aus dem Bratenfond nehmen, in Alufolie wickeln und ruhen lassen. Die Sahne in den Fond einrühren und die Sauce leicht sämig einköcheln lassen.

9 Den Sauerampfer putzen, waschen und grob hacken. Den Sauerampfer in die Sauce rühren und diese mit Salz und Pfeffer abschmecken. Das Kaninchen mit der Sauerampfersauce und den Kartoffeln servieren.

Gebratenes Kaninchen
auf Pilzsalat

ZUTATEN FÜR 4 PERSONEN

200 g junge Rote-Bete-Blätter

400 g gemischte Pilze
(z. B. Steinpilze, Pfifferlinge)

500 g Kaninchenrücken,
küchenfertig

Salz

frisch gemahlener Pfeffer

4–5 EL Olivenöl

4 EL Zitronensaft

ZUBEREITUNGSZEIT: 15 MINUTEN
GARZEIT: 10 MINUTEN

1 Die Rote-Bete-Blätter putzen, waschen und gut abtropfen lassen. Die Pilze putzen und je nach Größe ganz lassen oder in Stücke schneiden.

2 Den Kaninchenrücken waschen, trocken tupfen und mit Salz und Pfeffer einreiben. In einer Pfanne 1 Esslöffel Öl erhitzen und das Fleisch bei niedriger Hitze langsam 4–5 Minuten von allen Seiten goldbraun braten. Aus der Pfanne nehmen, in Alufolie wickeln und kurz ruhen lassen.

3 Die Pilze in der Pfanne im restlichen Öl portionsweise braten, leicht mit Salz und Pfeffer würzen.

4 Die Rote-Bete-Blätter auf Teller verteilen. Den Kaninchenrücken diagonal in Scheiben schneiden und auf den Blättern anrichten. Die Pilze darüber verteilen und mit dem Zitronensaft beträufeln. Mit Salz und Pfeffer bestreuen und servieren.

Von der grünen Wiese –
Lamm & Ziege

Lammkarree

mit Rosenkohl und Zwiebeln

ZUTATEN FÜR 4 PERSONEN

4 Lammkarrees (küchenfertig
pariert; à 350 g)

Salz

frisch gemahlener Pfeffer

Olivenöl

500 g Rosenkohl

400 g kleine rote Zwiebeln

400 g kleine festkochende
Kartoffeln

400 g Babykarotten

8–12 Zweige Thymian

Olivenöl (zum Beträufeln)

ZUBEREITUNGSZEIT: 25 MINUTEN
GARZEIT: 35 MINUTEN

1 Den Backofen auf 200 °C (Ober- und Unterhitze) vorheizen.

2 Das Lammfleisch unter fließendem kaltem Wasser waschen, trocken tupfen und mit Salz und Pfeffer würzen. In einer Pfanne das Öl erhitzen und darin das Feisch von allen Seiten goldbraun braten, herausnehmen und warm halten.

3 Den Rosenkohl waschen, putzen und die Röschen am Strunk kreuzweise einschneiden.

4 Die Zwiebeln schälen. Die Kartoffeln waschen (nach Belieben schälen) und in Spalten schneiden. Die Karotten schälen und putzen. Das gesamte Gemüse auf vier ofenfeste Förmchen verteilen, den Thymian dazugeben und mit etwas Olivenöl beträufeln. Mit Salz und Pfeffer würzen und im Ofen etwa 10 Minuten garen.

5 Das Gemüse aus dem Ofen nehmen, vermengen und, falls nötig, ein wenig Wasser angießen. Das Lammfleisch in vier Portionen teilen und auf die Gemüseförmchen verteilen. Im Ofen bei 140 °C etwa 25 Minuten garen. Dabei das Gemüse ab und zu umrühren und das Lamm wenden. Die Lammkarrees in den Förmchen mit dem Gemüse servieren.

Gefüllte Lammschulter
im Brotteig

ZUTATEN FÜR 4 PERSONEN

1 kg Lammschulter (ausgelöst)

300 g Blätterteig (TK)

4 Scheiben Toastbrot

100 ml lauwarme Milch

4 Knoblauchzehen

60 g schwarze Oliven (entsteint)

2 EL frisch gehacktes Basilikum

1 Ei · 2 EL fein gehackte Pinienkerne

Salz · frisch gemahlener Pfeffer

2 EL Öl

2 Eigelb (zum Bestreichen)

VORBEREITUNGSZEIT: 45 MINUTEN
ZUBEREITUNGSZEIT: 1 STUNDE

1 Den Backofen auf 180 °C (Umluft) vorheizen.

2 Das Lammfleisch unter fließendem kaltem Wasser waschen und trocken tupfen.

3 Die Blätterteigplatten nebeneinanderlegen und auftauen lassen. Dann die Platten aufeinanderlegen und zu einem großen Rechteck ausrollen.

4 Das Toastbrot würfeln und mit der Milch übergießen. Etwa 10 Minuten einweichen lassen.

5 Den Knoblauch schälen und grob hacken. Die Oliven und das Basilikum ebenfalls grob hacken und zusammen mit dem Knoblauch, dem Ei und den Pinienkernen unter den Toast mengen. Mit Salz und Pfeffer würzen.

6 Die Füllung längs auf der Lammschulter verteilen. Das Fleisch einrollen, außen mit Salz und Pfeffer würzen und mit Zahnstochern oder Küchengarn fixieren.

7 In einer Pfanne das Öl erhitzen und darin die Fleischrolle von allen Seiten goldbraun braten. Das Fleisch aus der Pfanne nehmen, Zahnstocher oder Garn entfernen und das Fleisch auf den Blätterteig legen.

8 Den Teig über das Fleisch schlagen und gut verschließen. Überstehende Teigenden abschneiden, nach Belieben Verzierungen daraus formen und den Teigmantel damit belegen.

9 Den Teigmantel mit Eigelb bestreichen und die Lammschulter im Ofen 45–55 Minuten goldbraun backen.

Geschmorte Lammhaxe
mit Gemüse

1 Den Backofen auf 160 °C (Ober- und Unterhitze) vorheizen.

2 Das Lammfleisch unter fließendem kaltem Wasser waschen und trocken tupfen. Anschließend mit Salz und Pfeffer einreiben.

3 In einem Bräter das Öl erhitzen und darin das Fleisch von allen Seiten goldbraun anbraten.

4 Die Zwiebeln, Knoblauch und Sellerie schälen und würfeln. Die Karotten schälen und in feine Scheiben schneiden.

5 Das Fleisch aus dem Bräter nehmen, das Gemüse hineingeben und braun anbraten. Das Tomatenmark kurz mitschwitzen, dann mit dem Wein ablöschen und etwas Fond angießen.

6 Das Fleisch wieder einlegen und Estragon sowie Thymian zugeben. Das Fleisch im Ofen etwa 2 ½ Stunden schmoren lassen. Nach und nach den restlichen Fond angießen und die Haxen immer wieder wenden.

7 Die Kichererbsen in ein Sieb abgießen, waschen, gut abtropfen lassen und in den letzten 20 Minuten der Garzeit zugeben. Die Sauce abschmecken. Lammhaxen mit der Sauce und dem Schmorgemüse servieren.

ZUTATEN FÜR 4 PERSONEN

4 kleine Lammhaxen · Salz

frisch gemahlener Pfeffer · Öl (zum Anbraten)

2 Zwiebeln · 2 Knoblauchzehen

150 g Knollensellerie · 4 Karotten

1 EL Tomatenmark · 200 ml Rotwein

etwa 400 ml Lammfond (aus dem Glas)

2 Zweige Estragon · 4 Zweige Thymian

etwa 400 g Kichererbsen (aus der Dose)

ZUBEREITUNGSZEIT: 3 STUNDEN MINUTEN
GARZEIT: 2 STUNDEN 30 MINUTEN

TIPP

Kichererbsen standen hierzulande schon im Mittelalter auf dem Speiseplan. Hildegard von Bingen empfahl sie als leichte und angenehme Speise und als Mittel gegen Fieber.

Milchlammschulter

mit Kartoffeln

ZUTATEN FÜR 4 PERSONEN

1 kg Lammschulter (ausgelöst)

6 Schalotten

2 Knoblauchzehen

1–2 grüne Chilischoten

2 EL Olivenöl

1 Zimtstange

½ TL Kardamompulver

frisch geriebene Ingwerwurzel
(etwa 2 cm)

½ TL Fenchelsamen

½ TL Koriandersamen

½ TL Zimt

500 g kleine festkochende
Kartoffeln

4 Tomaten

ZUBEREITUNGSZEIT: 30 MINUTEN
GARZEIT: 1 STUNDE 45 MINUTEN

1 Das Lammfleisch unter fließendem kaltem Wasser waschen, trocken tupfen und in 3–4 cm große Würfel schneiden.

2 Die Schalotten und den Knoblauch schälen und fein hacken. Die Chilischoten waschen und putzen.

3 In einem Bräter das Öl erhitzen und darin das Fleisch von allen Seiten anbraten. Schalotten, Knoblauch, Zimt und Kardamom untermengen und kurz mitbraten. Ingwer, Chili, Fenchelsamen, Koriander sowie Zimt hinzufügen und mit etwa 500 ml Wasser ablöschen. Halb zugedeckt etwa 1 ½ Stunden leise schmoren lassen. Ab und zu umrühren und nach Bedarf Wasser nachgießen.

4 Die Kartoffeln schälen. Die Tomaten heiß überbrühen, abschrecken, enthäuten, vierteln, entkernen und zusammen mit den Kartoffeln nach etwa 45 Minuten unter das Ragout mengen. Mit Salz und Pfeffer abschmecken und sofort servieren.

Lammeintopf
mit Wirsing

ZUTATEN FÜR 4 PERSONEN

800 g Lammfleisch (aus der Keule)

1 kleiner Wirsing (etwa 800 g)

400 g festkochende Kartoffeln

1 Stange Lauch · 2 Karotten

2 Zwiebeln · 2 Knoblauchzehen

1 Prise frisch gemahlener Kümmel

Salz · frisch gemahlener Pfeffer

3 EL fein gehackte Petersilie

1 Lorbeerblatt

etwa 1 l Fleischbrühe

Zesten von ½ unbehandelten Zitrone

ZUBEREITUNGSZEIT: 30 MINUTEN
GARZEIT: 2 STUNDEN

1 Den Backofen auf 180 °C (Ober- und Unterhitze) vorheizen.

2 Das Lammfleisch unter fließendem kaltem Wasser waschen und trocken tupfen, überschüssiges Fett entfernen und das Fleisch in 3 cm große Würfel schneiden.

3 Den Wirsing putzen, vierteln, waschen, den Strunk herausschneiden und grob hacken. Die Kartoffeln schälen und in Würfel schneiden. Den Lauch putzen, waschen und schräg in Scheiben schneiden. Die Karotten schälen und ebenfalls in Scheiben schneiden. Die Zwiebeln und den Knoblauch schälen und fein hacken.

4 In einen Schmortopf eine Lage Wirsing einschichten. Darauf etwas Lammfleisch verteilen und mit etwas Zwiebeln, Knoblauch, Kümmel, Salz und Pfeffer würzen. Das Fleisch mit den Kartoffeln, dem Lauch und den Karotten bedecken. Das Gemüse ebenfalls würzen, danach wieder eine Lage Wirsing einschichten. So fortfahren, bis alle Zutaten eingeschichtet sind. Dabei mit Gemüse abschließen und die Hälfte der Petersilie sowie das Lorbeerblatt daraufgeben.

5 Die Brühe angießen und alles zugedeckt im vorgeheizten Ofen auf unterer Schiene 1 ½ Stunden garen, danach offen weitere 30 Minuten fertig schmoren lassen.

6 Eintopf abschmecken und mit der restlichen gehackten Petersilie und den Zitronenzesten bestreut servieren.

Lammkotelett

mit Brokkolipüree

1 Den Brokkoli putzen, waschen, die Röschen abtrennen, den Stiel schälen und in Stücke schneiden. Alles zusammen in einem Topf in Salzwasser etwa 10 Minuten weich köcheln lassen. Anschließend gut abtropfen lassen.

2 Den Brokkoli mit der Sahne und der Butter fein pürieren. Mit dem Käse verfeinern und mit Salz abschmecken.

3 Die Lammkoteletts unter fließendem kaltem Wasser waschen, trocken tupfen und mit Salz und Pfeffer würzen. In einer Pfanne das Öl erhitzen und darin das Fleisch auf beiden Seiten je 2–3 Minuten goldbraun braten.

4 Das Fleisch herausnehmen und warm halten. In der Pfanne die Pinienkerne 2–3 Minuten anrösten und zum Schluss das fein gehackte Basilikum zugeben und mit den Pinienkernen mitrösten.

5 Das Fleisch zusammen mit dem Püree auf Tellern anrichten. Mit Pinienkernen und Basilikum garniert servieren.

ZUTATEN FÜR 4 PERSONEN

1 Brokkoli (etwa 800 g)

Salz

etwa 50 ml Sahne (mindestens 30 % Fett)

2 EL Butter

2 EL frisch geriebener Greyerzer

8 Lammkoteletts (à 150 g)

1 Prise frisch gemahlener Pfeffer

2–3 EL Olivenöl

2 EL Pinienkerne, geröstet

4 EL sehr fein gehackte Basilikumblätter

ZUBEREITUNGSZEIT: 20 MINUTEN
GARZEIT: 15 MINUTEN

Lammkeule

mit Honigglasur

ZUTATEN FÜR 4–6 PERSONEN

2,5 kg Lammkeule (mit Knochen)

Salz

frisch gemahlener Pfeffer

Olivenöl

600 g festkochende Kartoffeln

4–6 Schalotten

1 TL Koriandersamen

3–4 EL flüssiger Honig

ZUBEREITUNGSZEIT: 20 MINUTEN
GARZEIT: 2 STUNDEN 30 MINUTEN

1 Den Backofen auf 160 °C (Ober- und Unterhitze) vorheizen.

2 Das Lammfleisch unter fließendem kaltem Wasser waschen und trocken tupfen. Das Fleisch rundherum mit Salz und Pfeffer würzen und mit dem Olivenöl großzügig bepinseln.

3 Das Fleisch in einen Bräter geben und im Ofen etwa 2 ½ Stunden braten lassen. Dabei die Keule wenden und mit dem Bratensaft übergießen. Nach Bedarf ab und zu etwas Wasser angießen.

4 Die Kartoffeln und die Schalotten schälen und in Spalten schneiden. Das Gemüse während der letzten 30–40 Minuten der Garzeit um die Lammkeule herum verteilen, mit Salz und Pfeffer würzen. Bis zum Ende der Garzeit mitgaren lassen.

5 Den Koriander im Mörser grob zerstoßen und mit dem Honig verrühren. Während der letzten 45 Minuten der Garzeit die Keule ab und zu mit der Honig-Koriander-Mischung bestreichen.

Zicklein mit Kartoffeln
und Rosmarin

ZUTATEN FÜR 4 PERSONEN

2 kg Zickleinrücken (mit Rippen, vom Metzger zerteilt)

2 Knoblauchzehen

3–4 Zweige Rosmarin

5–6 EL Olivenöl

1 kg kleine neue Kartoffeln

Salz

frisch gemahlener Pfeffer

ZUBEREITUNGSZEIT: 15 MINUTEN
MARINIERZEIT: 2 STUNDEN
GARZEIT: 40 MINUTEN

1 Den Backofen auf 160 °C (Ober- und Unterhitze) vorheizen.

2 Das Fleisch unter fließendem kaltem Wasser waschen und trocken tupfen. Das Fleisch in eine ofenfeste Form geben.

3 Die Knoblauchzehen schälen und andrücken, den Rosmarin grob zerkleinern. In einer Schale Knoblauch und Rosmarin mit dem Öl vermengen und abgedeckt etwa 2 Stunden im Kühlschrank ziehen lassen.

4 Die Kartoffeln waschen, abtropfen lassen und je nach Größe halbieren oder vierteln. Kartoffeln um das Fleisch herum verteilen. Alles mit Salz und Pfeffer würzen und im Ofen 35–40 Minuten goldbraun braten. Ab und zu umrühren und nach Bedarf ein wenig Wasser zufügen.

TIPP

Ziegenfleisch wird leider allzu oft unterschätzt. Dabei ist es mager, bekömmlich und zudem äußerst schmackhaft.

Geschmortes Zicklein
mit Gemüse

1 Das Fleisch unter fließendem kaltem Wasser waschen, trocken tupfen und mit Salz und Pfeffer würzen.

2 Die Schalotten und den Knoblauch schälen. Schalotten in Spalten schneiden, Knoblauch fein würfeln.

3 In einem Bräter das Öl erhitzen und darin das Fleisch von allen Seiten anbraten. Knoblauch und Schalotten kurz mitbraten und mit dem Wein ablöschen. Zugedeckt bei milder Hitze etwa 1 Stunde leise schmoren lassen. Das Fleisch ab und zu wenden und nach Bedarf die Gemüsebrühe zufügen.

4 Währenddessen die Kartoffeln schälen und würfeln. Die Tomaten waschen und halbieren. Beides zusammen mit den Oliven während der letzten 20 Minuten der Garzeit zugeben und mitschmoren lassen.

5 Zum Schluss die Petersilie zugeben und, falls nötig, das Fett abschöpfen. Alles mit Salz und Pfeffer herzhaft abschmecken und servieren.

ZUTATEN FÜR 4 PERSONEN

2,5 kg Zickleinhals (mit Knochen; vom Metzger zerteilt)

Salz · frisch gemahlener Pfeffer

2 Schalotten · 2 Knoblauchzehen

2 EL Olivenöl

200 ml trockener Weißwein

etwa 200 ml Gemüsebrühe (nach Bedarf)

600 g festkochende Kartoffeln

200 g Cocktailtomaten

100 g schwarze Oliven (entsteint)

2 EL frisch gehackte Petersilie

ZUBEREITUNGSZEIT: 25 MINUTEN
GARZEIT: 1 STUNDE 10 MINUTEN

Zickleinbraten
mit Schalotten

1 Den Backofen auf 160 °C (Ober- und Unterhitze) vorheizen.

2 Das Fleisch unter fließendem kaltem Wasser waschen und trocken tupfen. Rundum mit Salz und Pfeffer würzen und mit etwas Olivenöl beträufeln.

3 Von der Hälfte der Thymianzweige die Blättchen abzupfen und auf die ausgebreitete Schulter streuen. Das Fleisch etwas zusammenrollen und mit Küchengarn in Form binden.

4 In einer ofenfesten Form 2 Esslöffel Öl erhitzen und das Fleisch darin braun anbraten.

5 Schalotten, Knoblauch, Karotten, Sellerie und Lauch schälen bzw. putzen und waschen. Alles in Stücke schneiden. Das Gemüse um das Fleisch herum verteilen, kurz mit anbraten und mit etwas Brühe ablöschen.

6 Das Fleisch im Ofen 1 Stunde schmoren lassen. Dabei den Braten immer wieder wenden und nach Bedarf die restliche Brühe angießen. Nach etwa 45 Minuten die restlichen Thymianzweige zum Gemüse geben.

7 Die Form herausnehmen und das Garn vom Braten entfernen. Die Sauce nach Bedarf entfetten und mit Salz und Pfeffer abschmecken. Das Fleisch mit dem Gemüse und der Sauce servieren.

ZUTATEN FÜR 4 PERSONEN

1,5 kg Zickleinschulter (ausgelöst)

Salz · frisch gemahlener Pfeffer

Olivenöl

3–4 Zweige Thymian

6 Schalotten

2 Knoblauchzehen

2 Karotten

150 g Knollensellerie

½ Stange Lauch (nur das Weiß)

etwa 500 ml Fleischbrühe

ZUBEREITUNGSZEIT: 40 MINUTEN
GARZEIT: 1 STUNDE 10 MINUTEN

Register

Bildnachweis

Die Fotografien wurden von der StockFood GmbH zur Verfügung gestellt mit Genehmigung von:

Arras K.: 35 o. l., 130 – BBS: 91– Bender, Uwe: 65, 101 – Bischof, Harry: 38, 39, 15, 66, 155 – Blache, Jean-Marc: 104 – Blaha, Petr: 72 – Boyer, Jean-Paul: 166 – Braas, Neele: 34 – Brachat, Oliver: 23 o. r., 27 – Brettschneider, Jan C.: 156 – Buntrock, Gerrit Ltd.: 162/163 – Cato-Symonds, Shaun: 167 – Diak, Uis: 8/9, 93/94 – Diez, Ottmar: 151 u. – Duisterhof, Miki: 62 – Duivenvoorden, Yvonne: 25 – Eising Studio/Food Photo & Video: 5, 17, 19, 25, 37, 43, 45, 50, 51, 53, 57, 69, 73 o., 80, 71, 106, 107, 109, 111, 113, 118, 126/127, 131, 133, 137, 139, 142, 143, 148, 149, 150, 157 – Ellert, Luzia: 90, 135 – Fenot, Eric: 20 – Food Collection: 31, 23 u., 14, 79, 85, 121, 123 – Gottlieb, Dennis: 11 – Gregson, Jonathan: 124, 129 – Iden, K.: 117 Jarry, Marie José: 171 – Keller & Keller Photography: 105 o. r. – Kirchherr, Jo: 47/48, 81 – Kirmske, Ulrike: 35 u. – Koeb, Ulrike: 84 – Krüger/Gross: 151 o. l. – Lascève, Charlotte/Montalier: 173 – Lehmann, Herbert: 105 u. – Lehmann, Joerg: 161 – Leoni, Ira: 35 o. r. – Liebenstein, Jana: 153 – Lülf, Björn: 151 o. r. – Madamour, Christophe: 174 – Maximilian Stock: 110 – Morgans, Gareth: 33 – Newedel, Karl: Cover, 26, 41, 58, 61, 145, 159 – Rees, Peter: 67 – Renée Comet: 21 – Rua Castilho: 23 o. l., 29, 55, 63 o. l., 70, 77, 83, 95 – Rynio, J.: 170 – Schardt, Wolfgang: 97, 125, 179 – Schindler, Martina: 175 o. – Shulevsky, Vladimir: 63 o. r. – Silverman, Ellen: 7, 165 – Stiepel, Kai: 75 – Strauss, F.: 175 u. – Studio Lipov: 87 – Teubner Foodfoto GmbH: 13, 49, 59, 74, 89, 141 – Thumm, Andreas: 178 – Tolhurst, Charlotte: 32, 99 – Treloar, Debi: 100 – Urban, Martina: 105 o. l. – wawrzyniak.asia: 119 – Westermann, Jan-Peter: 103, 115, 138, 147, 169 – Williams, Paul: 73 u. – Wissing, Michael: 177 – Zogbaum, Armin: 63 u.

In gleicher Reihe erschienen ...

ISBN 978-3-86244-041-2

Verwöhnen Sie Familie und Gäste mit den besten Landfrauen-Kuchen und neuen Klassikern, bei denen erntefrische Sommerfrüchte die Hauptrolle spielen!

ISBN 978-3-86244-042-9

Die schönsten Sommerideen aus der Landküche zum Schlemmen und Genießen, fürs Grillfest, die Gartenparty oder ein Picknick im Grünen.

ISBN 978-3-86244-074-0

Mit hausgemachten Delikatessen aus der Landküche bereiten Sie nicht nur sich selbst, sondern auch Gästen lange Freude.

ISBN 978-3-86244-073-3

Im Winter haben deftige Gerichte Hochsaison. »Lust auf Land« präsentiert winterliche Genüsse, die einem das Herz wärmen und das Wasser im Mund zusammen laufen lassen.

ISBN 978-3-86244-124-2

Hier spielt Gemüse nicht die Nebenrolle, sondern wird zum Hauptdarsteller: 100 Gemüserezepte durch alle Jahreszeiten mit frischen Produkten vom Land.

CHRISTIAN

www.christian-verlag.de

Alles, was das Leben schön macht.

Die besten Ideen kommen vom Land.